QUALIDADE **FAIXA PRETA**

CB056652

RODRIGO MOTTA
com IARA MOLA e LEANDRO LACERDA

QUALIDADE FAIXA PRETA

Motivações, método de implementação e resultados
da gestão da qualidade total em vendas

PREFÁCIO **JOSÉ VICENTE MARINO**
APRESENTAÇÃO **NEUSA MARIA BASTOS FERNANDES DOS SANTOS**

Labrador

© Rodrigo Guimarães Motta, Iara Mola e Leandro Pereira de Lacerda, 2024
Todos os direitos desta edição reservados à Editora Labrador.

Coordenação editorial Pamela J. Oliveira
Assistência editorial Leticia Oliveira, Jaqueline Corrêa
Projeto gráfico e capa Amanda Chagas
Diagramação Maria Cristina dos Santos Lima
Preparação de texto Júlia Nejelschi
Revisão Marília Courbassier Paris, Karolina Loredo de Castro
Arte da capa Fábio Imamura

Dados Internacionais de Catalogação na Publicação (CIP)
Jéssica de Oliveira Molinari - CRB-8/9852

Motta, Rodrigo Guimarães

Qualidade faixa preta : motivações, método de implementação
e resultados da gestão da qualidade total em vendas
Rodrigo Guimarães Motta, Iara Mola, Leandro Pereira de Lacerda.
São Paulo : Labrador, 2024.
256 p.

ISBN 978-65-5625-457-9

1. Vendas 2. Gestão da qualidade total I. Título II. Mola, Iara III. Lacerda, Leandro Pereira de

23-5506   CDD 658.85

Índice para catálogo sistemático:
1. Vendas

Labrador

Diretor-geral Daniel Pinsky
Rua Dr. José Elias, 520, sala 1
Alto da Lapa | 05083-030 | São Paulo | SP
contato@editoralabrador.com.br | (11) 3641-7446
editoralabrador.com.br

A reprodução de qualquer parte desta obra é ilegal e configura uma apropriação indevida dos direitos intelectuais e patrimoniais dos autores. A editora não é responsável pelo conteúdo deste livro. Os autores conhecem os fatos narrados, pelos quais são responsáveis, assim como se responsabilizam pelos juízos emitidos.

AGRADECIMENTOS

Este livro origina-se das pesquisas feitas durante meu doutorado, que culminaram com a preparação e a defesa da tese sobre a gestão da qualidade total (GQT) em vendas. Durante os estudos, tive aulas, conversas e pesquisas muito enriquecedoras ministradas pelos professores da PUC-SP e das demais instituições onde estudei e pesquisei no período em questão. Entre todas essas pessoas, cabe destacar o apoio inestimável de minha orientadora – que já havia me apoiado no mestrado –, Profa. Dra. Neusa Maria Bastos Fernandes dos Santos. Uma pessoa de muito conhecimento e generosidade, sem a qual eu não teria concluído mais essa etapa. São 20 anos de amizade e sólida parceria acadêmica, pelas quais sou muito grato.

Ao longo dos anos, um fator de motivação que não pode ser esquecido foi minha família. Meus pais, avós, bisavós e demais parentes sempre se dedicaram aos estudos com o mesmo afinco com que se dedicaram às trajetórias profissionais. Essa história familiar, de certa forma, foi a mesma que trilhei; logo, essa referência é evidente. Agradeço a todos e, em especial, sou grato a meu pai, Ivan Martins Motta, a última dessas referências que está conosco e ainda firme e atuante.

Além dos já mencionados, aqueles próximos a mim são muito importantes e espero que essa história os motive – assim como me motivou – a perseguir o desenvolvimento contínuo: minha esposa Sintya de Paula Jorge Motta e meus filhos Antonio Bento de Paula Motta e João Abade de Paula Motta. E devo mencionar, combinando a PUC-SP e a família, um agradecimento ao meu irmão, Alfredo Guimarães Motta, pós-graduado pela mesma instituição. Foram seus estudos e trabalhos dedicados ao tema da minha pesquisa de doutorado que me estimularam a realizar este trabalho.

Quando já havia concluído as disciplinas do doutorado, em 2018, sofri dois acidentes vasculares cerebrais (AVCs) que debilitaram minha condição física e intelectual de maneira que, à primeira vista, era devastadora e implicaria a interrupção do curso. Nos piores momentos, cheguei a cogitar isso; porém segui em frente com o apoio de duas professoras que terão meus eternos reconhecimento e gratidão, não só pela competência, como também pela doação: a Profa. Dra. Silma Ramos Coimbra Mendes e a Profa. Ma. Iara Cristina de Fátima Mola (coautora deste livro).

Junto dessas incríveis profissionais, meu muito obrigado a dois amigos e colaboradores que me auxiliaram a me restabelecer sem perder intensidade no trabalho nesse período: Vanessa Sousa e Leandro Lacerda (ele também coautor deste livro). Também meu muito obrigado aos clientes e amigos pelo apoio e pela compreensão. Agradeço, assim, a Manoel Machado, Sérgio Roberto Caldas Júnior e Wagner Castropil. Por fim, devo reconhecer Bahjet Hayek e Cristian Cezário, que comigo administram a ONG Instituto Camaradas Incansáveis e que estiveram à frente dela nesse tumultuado período.

Devo mencionar também o Prof. Dr. Luciano Antonio Prates Junqueira (*in memoriam*) e a Profa. Dra. Maria Amélia Jundurian Corá, que ampliaram meus conhecimentos e interesses para outros campos da Administração, os quais eu conhecia apenas superficialmente, agregando-lhes uma perspectiva crítica. Da mesma forma, as contribuições decisivas oriundas de duas grandes referências que me honraram com seus apontamentos no exame de qualificação do trabalho: ao Prof. Dr. Alexandre Luzzi Las Casas e ao Prof. Dr. Marcos Henrique Nogueira Cobra, o meu muito obrigado.

Acerca do percurso da redação do livro, agradeço a atenção do meu amigo de muitas décadas Daniel Pinsky, diretor da Editora Labrador. Ele sempre acreditou e apoiou a realização desta obra (assim como de todas as que já publiquei por alguma de suas editoras). Agradeço também a Karolina Loredo de Castro, minha parceira de inúmeros projetos acadêmicos, que garantiu a qualidade total do texto final. Outra pessoa muito importante para a realização do livro foi o amigo, faixa preta e camarada incansável Fábio Imamura, que elaborou a capa com carinho e esmero.

Para finalizar, ainda que os tenha mencionado anteriormente, reforço meu muito – mas muito mesmo – obrigado aos meus queridos camaradas e coautores, Iara e Leandro, os quais estiveram comigo durante a realização das pesquisas, a redação do texto da tese e, finalmente, o desenvolvimento como um livro. Foi e é uma imensa honra e um privilégio ter ao lado duas pessoas de tamanha capacidade, dedicação e lealdade.

Rodrigo Guimarães Motta
Doutor em Administração pela PUC-SP.

SUMÁRIO

PREFÁCIO —————————————————————— 15

APRESENTAÇÃO ———————————————————— 21

PRIMEIRAS CONSIDERAÇÕES ——————————————— 23

A evolução da Teoria da Administração e a evolução
da qualidade total ———————————————————— 24

O contexto geral da indústria brasileira de bens de consumo
não duráveis —————————————————————— 29

Da proposta deste livro à sua organização ————————— 31

Os impactos já obtidos por meio da GQT em vendas ————— 44

CAPÍTULO 1:
O MARKETING E A INDÚSTRIA DE BENS DE CONSUMO NÃO DURÁVEIS ———————————————————— 47

1.1 Marketing, vendas e trade marketing na indústria de bens
de consumo não duráveis —————————————————— 48

1.2 Os canais de distribuição e a indústria de bens de consumo
não duráveis —————————————————————— 59

1.3 Os desafios da indústria de bens de consumo não duráveis
no que se refere às vendas —————————————————— 65

Questões ———————————————————————— 77

CAPÍTULO 2:
A GESTÃO DA QUALIDADE TOTAL (GQT) — 79

2.1 A GQT na linha do tempo — 81

2.2 Estudos mais recentes que envolvem a GQT, sua importância e aplicação — 88

2.3 A GQT em vendas — 99

2.4 Tragtenberg e a *Burocracia e ideologia* — 100

Questões — 109

CAPÍTULO 3:
AS MOTIVAÇÕES, O MÉTODO DE IMPLEMENTAÇÃO E A PERCEPÇÃO DOS COLABORADORES EM QUINZE EMPRESAS — 111

3.1 As motivações para a implementação dos programas — 112

3.2 O método de implementação dos programas — 116

3.2.1 O programa de GQT em vendas foi uma iniciativa da liderança da empresa — 117

3.2.2 Os temas dos programas visavam a elucidar a mensagem e a motivar a equipe — 118

3.2.3 Nos programas de GQT em vendas, havia um foco na melhoria da competitividade do negócio — 119

3.2.4 Foram elaborados indicadores de desempenho para os processos-chave e para as vendas realizadas — 120

3.2.5 O programa de GQT em vendas abrangeu todos os membros da equipe comercial — 121

3.2.6 Clientes-chave também participaram do programa de GQT em vendas — 123

3.2.7 O programa devia ter os seus objetivos alinhados com o calendário da empresa que o implementou —— **124**

3.2.8 A remuneração da equipe devia ser associada ao programa —— **125**

3.2.9 A tecnologia cumpriu um papel relevante no programa de GQT em vendas —— **127**

3.2.10 O treinamento contínuo foi necessário para o sucesso do programa —— **128**

3.2.11 O programa devia ser controlado e auditado permanentemente —— **129**

3.2.12 O programa necessitou de constantes revisões —— **131**

3.3 Os impactos dos programas nos resultados, segundo os colaboradores —— **132**

Questões —— **137**

CAPÍTULO 4:
O PROGRAMA DE GQT EM VENDAS EM UMA EMPRESA DE PEQUENO PORTE —— **139**

4.1 As motivações e o método de implementação do programa —— **140**

4.2 Atingimento de metas e cumprimento de processos-chave —— **145**

4.2.1 O atingimento das metas de receita líquida na E1 —— **146**

4.2.2 A realização dos processos-chave na E1 —— **147**

4.2.3 A pesquisa com os colaboradores e trabalhadores da E1 sobre os impactos do programa nos resultados —— **152**

Questões —— **159**

CAPÍTULO 5:

O PROGRAMA DE GQT EM VENDAS EM UMA EMPRESA DE MÉDIO PORTE — 161

5.1 As motivações e o método de implementação do programa — 162

5.2 Atingimento de metas e cumprimento de processos-chave — 166

5.2.1 O atingimento das metas de rentabilidade na E2 — 167

5.2.2 A pesquisa com os colaboradores e trabalhadores da E2 sobre os impactos do programa nos resultados — 167

Questões — 173

CAPÍTULO 6:

O PROGRAMA DE GQT EM VENDAS EM UMA EMPRESA DE GRANDE PORTE — 175

6.1 As motivações e o método de implementação do programa — 176

6.2 Atingimento de metas e cumprimento de processos-chave — 180

6.2.1 O atingimento das metas de receita líquida e de rentabilidade — 181

6.2.2 A realização dos processos-chave na E3 — 182

6.2.3 A pesquisa com os colaboradores e trabalhadores da E3 sobre os impactos do programa nos resultados — 186

Questões — 193

CAPÍTULO 7:
O PROGRAMA DE GQT EM VENDAS NA PERCEPÇÃO DOS TRABALHADORES ——————————————— **195**

7.1 A realização de atividades predefinidas e padronizadas —— **196**

7.2 O domínio da burocracia sobre o trabalhador ——————— **201**

7.3 O foco na eficiência e nos resultados ——————————— **205**

Questões ————————————————————————— **210**

CAPÍTULO 8:
CONCLUSÃO E CONSIDERAÇÕES FINAIS ———————— **211**

REFERÊNCIAS ——————————————————————— **229**

APÊNDICE A ———————————————————————— **241**

APÊNDICE B ———————————————————————— **245**

APÊNDICE C ———————————————————————— **249**

SOBRE OS ELEMENTOS GRÁFICOS DA OBRA ——————— **253**

PREFÁCIO

Mais do que uma alegria ser convidado para escrever este prefácio, para mim é quase uma "obrigação" apoiar e incentivar a iniciativa deste livro, por tudo o que o programa de gestão da qualidade total (GQT) em vendas proporcionou à minha vida profissional e pessoal.

O primeiro contato que tive com o programa de GQT em vendas ocorreu na Refinações de Milho Brasil (RMB), controlada pelo grupo norte-americano Bestfoods, hoje incorporado pela Unilever. Isso ocorreu em 1998, quando a área comercial da empresa estava sendo totalmente reconstruída. O então gerente nacional de vendas (GNV), Pedro Falsarella, formou uma equipe com profissionais de fora da RMB, como Flávio Faria e Eduardo Hajaje, ambos oriundos da Ambev. E eu, que estava no marketing da marca Knorr, fui convidado a fazer parte do time, liderando a região Sul do Brasil.

Em grupo, começamos a definir a reconstrução da área comercial. Naquele momento, com o conhecimento e a vivência adquiridos durante a sua atuação na Ambev – uma das pioneiras no uso do programa de GQT em vendas –, Flávio Faria liderou a implementação do programa de excelência em vendas (PEV), uma iniciativa logo apoiada por todos.

Essa foi uma fase bem intensa e de enorme aprendizado. Eu, que nunca tinha trabalhado na área comercial, aproveitei cada minuto daquele trabalho. Talvez, inclusive, essa tenha sido minha época de maior aprendizado por hora trabalhada, já que parte do programa de GQT diz respeito à adoção de métricas, assim como à necessidade de mensurar os resultados e de melhorá-los. E eu experimentei tudo isso dentro da Refinações – para mim, uma das grandes escolas de marketing e vendas de bens de consumo no Brasil. Fizemos tudo com muito rigor e excelência na implementação.

Nessa reestruturação da área comercial, cada mercado teria a sua própria área de trade marketing, sendo que agora eu já cuidava de Sampasul (São Paulo passou a fazer parte da minha área de responsabilidade). Foi nessa etapa que tive a inesquecível experiência de trabalhar com Rodrigo Motta, que se juntava ao time como líder do trade marketing de Sampasul.

Uma das características do Rodrigo, que é meu amigo desde a faculdade (cursamos juntos a FGV, no final dos anos 1980), é ser uma pessoa incansável, dedicada, que se aprofunda nos temas e executa tudo com o brilhantismo de poucos. Então, não deu outra: em pouquíssimo tempo, nossos resultados já se destacavam no contexto da companhia e no mercado. E, diante disso, Rodrigo e eu implementamos juntos o PEV da RMB no nosso mercado.

Era um trabalho enorme. Tinha todo um conceitual de motivação, a exemplo das cinco atitudes de um vencedor em vendas e de todo um diário de bordo, que descrevia minuciosamente a atuação de cada profissional de vendas. Tudo realmente "megadetalhado".

Hoje chamaríamos o que fizemos de *mudança cultural em vendas*: avançamos de uma equipe dedicada e baseada em relacionamentos para uma equipe que, além de manter esses relacionamentos fortalecidos, se utilizava de técnica de planejamento, execução e medição para se aprimorar continuamente.

Ao longo do tempo, surgiram inúmeros feedbacks da equipe comercial, que foi reagindo muito bem à implementação do programa de GQT em vendas, ao se dar conta de que cada um também se aperfeiçoaria profissionalmente. Aliás, lembro, como se fosse hoje, quando nosso então querido supervisor de Porto Alegre, Arlindo (a quem sou grato pelos ensinamentos), parodiou uma música dos Titãs junto da sua equipe: no lugar de "É preciso saber viver", surgiu o "É preciso saber vender".

Lembro-me também de outra vivência marcante, durante a qual meu grande professor em vendas, Joel Lobo, me ensinou a cuidar das relações. Isso porque, ainda que demorasse noites inteiras para isso, ele escrevia um a um os cartões de Natal que enviaria a todos os clientes e amigos da empresa. E ele os escrevia à mão, reconhecendo a importância das pessoas e do outro na nossa jornada.

Essas e outras inúmeras iniciativas eram de uma equipe que queria mais, sendo que uma parte desse "querer mais" provinha do programa, enquanto a outra parte advinha da liderança. Nesse caso, da liderança do Rodrigo Motta. E essa foi a oportunidade na qual "aprendi na pele", talvez pela primeira vez, a importância da liderança para a implementação de coisas novas e relevantes nas empresas. Foi sob a liderança do Rodrigo que implementamos um treinamento primoroso sobre o PEV para toda equipe de Sampasul.

Foram três dias num hotel do interior de São Paulo, passando para a equipe, detalhe por detalhe, todo o programa de GQT em vendas, repleto de atividades e desafios.

Ao final do treinamento, recordo-me ainda da equipe aplaudindo de pé. Eu mesmo nunca tinha visto um profissional se dedicar tanto a fazer um trabalho com excelência, tal como vi naqueles dias o Rodrigo em ação. E essa é uma dedicação que se multiplica quando também situada no contexto pessoal que ele vivia, e que poucos conheciam.

Acontece que gente boa é muito difícil de segurar, se não se tem algo mais a oferecer, e foi assim que, logo depois desse treinamento, Rodrigo deixava a companhia para assumir uma posição de direção na Panamco Coca-Cola. Então, quando souberam da saída dele, imagina o que todos aprenderam com todo o empenho que ele colocou na realização dessa sua última atividade? Aquela tinha sido uma verdadeira aula de liderança e de compromisso com o próximo!

Imagine você: estar demissionário e fazer uma entrega profissional da mais alta competência, com uma dedicação e uma energia sem igual! Isso é para poucos; é para quem sabe se reconhecer no outro! Estou convencido de que também podemos dizer que ele fez isso por Amor. E é isso o que a área de vendas tem a mais que as demais áreas de uma empresa. É muito marcante.

Desde que tomei conhecimento do programa de GQT em vendas e de toda a aprendizagem que obtive com ele na Refinações, passei a adotá-lo como o jeito certo de fazer, implementando esses mesmos programas nas empresas por onde passei, a começar pela Johnson & Johnson (J&J), onde ingressei logo depois da RMB e cujo programa recebeu o nome de J&J Way.

Entre outros feitos, o J&J Way aderiu a iniciativas globais, ganhando muita relevância na organização. Em resumo, o próprio momento global pelo qual a Johnson's Consumo passava era o de investir na qualidade de suas equipes comerciais. E, como maior mercado da J&J Consumo no mundo depois dos Estados Unidos, o Brasil sempre teve muita visibilidade. Então, implementamos os conceitos do programa de GQT em vendas com o J&J Way, aproveitando essa iniciativa global.

O programa era baseado em três pilares: *insight*, *development* e *action*. Assim, a figura que o representava era a de uma casa, que construíamos em blocos. Cada fase tinha seus blocos e, ao final de todos os blocos, tínhamos a casa completa.

Os ingleses eram os líderes desse projeto global, no qual conseguimos inserir todos os conceitos que entendemos como os mais importantes para melhor atender às necessidades da companhia. Naquele momento, evoluímos muito para a gestão de categorias e os dados de venda por loja (aprendemos *MUITO* com o Wal-Mart e o seu *retail link*), sendo que, mais tarde, já na liderança comercial da J&J América Latina, conseguimos lançar o que chamamos de *Trade Book*.

No *Trade Book* estavam contidos os aprendizados de gestão comercial de cada categoria da J&J. Inclusive, fizemos um lançamento para o time global em Manaus, e não me esqueço (também me lembro como se fosse hoje) dos meus amigos gringos (Carl, Paul Copeland, Mike Charette, Maz Nubani e Ramon Celad) e do nosso líder global em vendas (Rudy Hauser) dançando numa oca com um grupo de indígenas amazônicos. Mas, à parte a diversão, entregamos um material fantástico, cheio de aprendizados, como ferramenta de trabalho para todos os países da América Latina.

Da J&J passei à Natura, uma empresa essencialmente de relação. Mesmo assim, os conceitos da GQT foram incorporados à sua gestão comercial.

Ocorre que, pela Natura, havia passado um profissional (cujo nome não recordo) que tentou aplicar provas de conhecimento e outras coisas dessa natureza para a equipe de vendas (quase mil mulheres!). A tentativa gerou uma reação de enorme repulsa por parte de todos, deixando mais difícil o caminho para que implementássemos algo mais formal e estruturado. Os conceitos da GQT, porém, estavam lá, no dia a dia da gestão comercial. Até porque um dos acionistas, Pedro Passos, foi também presidente da Fundação Nacional da Qualidade (FNQ), que dissemina e trabalha os conceitos da qualidade total.

Saí da Natura para a Flora Cosméticos e Limpeza, uma empresa que estava "sem clara liderança comercial" e carente de uma gestão de qualidade mais focada, apesar da excelência da gestão do grupo empresarial da qual ela faz parte.

Na Flora, o programa de GQT em vendas foi uma prioridade e, com a ajuda do Rodrigo como nosso consultor, implementamos o "Programa Faixa Preta", incorporando ao nome do programa uma das grandes paixões que ele tem (o judô) como forma lúdica de evocar a qualidade.

Umas das grandes alegrias que tenho é a de ver esse programa vivo, na liderança do Sérgio Caldas, hoje CEO da Flora. Muitas vezes me deparo com alguns *posts* em redes sociais de amigos da Flora comemorando a faixa preta. Para ser faixa preta, é preciso fechar a meta em todos os doze meses do ano – doze em doze – e completar os pontos necessários nas avaliações da parte de planejamento e de como se entrega a meta.

Tenho também convicção de que a GQT em vendas, por meio do Programa Faixa Preta, foi um ícone de mudança cultural para a Flora, que a fez galgar uma nova dimensão nos negócios, como se vê hoje em dia. Ele movimentou todo mundo, alcançando resultados incríveis!

Assim, ao reunirem conceitos e outros tópicos importantes para quem deseja se familiarizar ou se aprofundar na GQT em vendas (leitura obrigatória para os profissionais de vendas!), Rodrigo Motta e os demais autores promovem uma contribuição acadêmica muito valiosa. E muito valiosa como consequência não só de um tema que eles vêm estudando há anos nos bancos da academia, como também de toda a sola de sapato de borracha que seguem gastando nas empresas.

Boa leitura!

José Vicente Marino
Graduado e Mestre em Administração pela FGV-EAESP, MBA pela USP e OPM na Harvard Business School. Serviu como vice-presidente executivo e presidente de algumas empresas, como J&J, Natura, Flora e Avon, além de participar de conselhos de administração.

APRESENTAÇÃO

Bem-vindos ao *Qualidade faixa preta: motivações, método de implementação e resultados da gestão da qualidade total em vendas*. Este é um livro que tem uma longa história.

Nesta publicação, o autor Rodrigo Motta e os coautores revelam seu pleno conhecimento a respeito do tema, embasado tanto em sua extensa e rica experiência profissional (como executivo, empreendedor e consultor em empresas de atuação multinacional e nacional) quanto em sua sólida formação acadêmica (na completude de seu Mestrado e Doutorado pela FEA/PUC-SP).

Em se tratando da obra, especificamente, ela se destina ao fomento da implementação do programa de gestão da qualidade total (GQT) em vendas nas empresas, aqui voltada ao segmento de bens de consumo não duráveis, mas tem toda a pertinência e relevância para ser aplicada com sucesso em outras áreas funcionais ou em ramos diversificados da indústria.

Organizado em oito capítulos, o conteúdo do livro se desenvolve com vistas a alcançar três principais objetivos. O primeiro, investigar o que motiva uma empresa desse segmento a implementar um programa de GQT em vendas. O segundo, distinguir o método de implementação do programa. E, o terceiro, avaliar os resultados obtidos após um ano de implementação do programa no que se refere às metas, aos processos-chave e à percepção tanto de seus *colaboradores* (presidentes, diretores comerciais, gerentes de vendas e consultores) quanto de seus *trabalhadores* (promotores de vendas e merchandising e vendedores), conforme a distinção que os autores estabelecem para a melhor condução das análises durante a pesquisa e que explicam já nas considerações iniciais.

A obra consolida, de forma sintética e analítica, quatro principais pilares para a construção do conhecimento.

Os Capítulos 1 e 2, que constituem o pilar inicial, apresentam de maneira consistente e organizada o referencial conceitual que delimita o tema estudado: primeiro, o marketing e a indústria de bens de consumo não duráveis; depois, a GQT em si, acompanhada de uma linha do tempo e das suas mais recentes aplicações.

O Capítulo 3, que ilustra o segundo pilar, descreve com muita riqueza as motivações, o método de implementação e os impactos do programa de GQT em vendas segundo a percepção dos colaboradores de quinze empresas da indústria de bens de consumo não duráveis.

Os Capítulos 4, 5 e 6, que tecem o terceiro pilar, descrevem e analisam com profundidade o programa de GQT em vendas junto a empresas diferenciadas de pequeno, médio e grande portes também em conformidade com a definição que Motta, Lacerda e Mola apresentam já nos registros introdutórios.

No último e quarto pilar, ilustrado pelo Capítulo 7, os autores apresentam o programa de GQT em vendas na percepção dos trabalhadores, com foco em evidências de eficiência e resultados.

A leitura desta obra singular é recomendada com forte convicção, pois, nela, os leitores encontrarão e compreenderão, de forma clara e didática, as escolhas que devem ser feitas para o cumprimento dos processos-chave na implementação bem-sucedida de um programa de GQT em vendas.

Enfatiza-se também aos gestores que se apropriem desta leitura e de seu conteúdo, pois sentirão a motivação e o desejo de exercitar seu papel de líder nesse processo para celebrar os melhores resultados alcançados junto aos *stakeholders* (internos e externos) de sua corporação.

Este livro torna-se, portanto, material de consulta essencial para pesquisadores, professores, gestores, consultores, responsáveis por capacitações em organizações privadas, públicas ou do terceiro setor e demais públicos interessados nesta temática tão instigante e inovadora.

Profa. Dra. Neusa Maria Bastos F. Santos
Professora Titular da FEA/PUC-SP.
Fulbright Scholar na Ross Business School, University of Michigan/USA.
Pós-doutora pela McGill University/Montreal/International Council of Canadian Studies.
Conselheira em conselhos deliberativos e de administração.

PRIMEIRAS CONSIDERAÇÕES

Conceitualmente, o *programa de gestão da qualidade total em vendas* – doravante, também "GQT[1] em vendas" – corresponde a um método de trabalho que define e padroniza processos-chave, ao mesmo tempo que determina metas de negócios alinhadas às necessidades da companhia, a fim de que a equipe de vendas possa conquistar os resultados previamente estabelecidos.

Assim, por meio da execução dos processos-chave estabelecidos e da distribuição das metas, o que se espera é que a empresa que implementa um programa dessa natureza possa não apenas alcançá-las de forma consistente, como também superar as expectativas direcionadas às equipes de vendas. Além disso, outra possibilidade – cuja relevância importa não perder de vista – é a de que, inspiradas no próprio programa de GQT em vendas, outras áreas de atuação também venham a se beneficiar desse modelo – a exemplo do que já se verificou no esporte, conforme um estudo adicionado ao final desta obra (ver Apêndice C).

> **O QUE É, AFINAL, O PROGRAMA DE GQT EM VENDAS?**
>
> O programa de GQT em vendas se configura como um método de trabalho que, *ao mesmo tempo que determina as metas de negócios de cada companhia e as desdobra para cada um dos membros da equipe de vendas, define e padroniza processos-chave* a serem executados para que esses profissionais possam, então, atingi-las.

---

1 Em relação à sigla, também é comum o uso de TQM, em razão do inglês *total quality management*.

No caso da indústria de bens de consumo não duráveis, no entanto, o que estimularia uma empresa desse segmento específico a implementar um programa de GQT em vendas, no que se refere às suas motivações? Já no campo da aplicação, como seria o método de implementação de um programa desses? E quanto à esfera dos resultados propriamente ditos: quais seriam aqueles obtidos após a implementação do programa no que se aplica às metas, aos processos-chave e à percepção dos seus *colaboradores* e *trabalhadores* a esse respeito, bem como no que diz respeito – de modo mais específico – à percepção dos *trabalhadores*[2] acerca dos impactos desse programa sobre sua própria atuação?

Para situar cada uma dessas questões numa obra que tem por principal objetivo compreender a implementação desse tipo de programa nesse ramo da indústria brasileira, é preciso antes recuperar os movimentos nos quais ele se encontra inserido. Para isso, no primeiro momento, importa considerar a evolução da Teoria da Administração durante o século passado e o início deste, assim como a evolução da própria qualidade total como um dos desdobramentos do avanço dos estudos administrativos.

A EVOLUÇÃO DA TEORIA DA ADMINISTRAÇÃO E A EVOLUÇÃO DA QUALIDADE TOTAL

De maneira bastante sintetizada, no que diz respeito à evolução da Teoria da Administração, os primeiros a estudar o tema buscaram formas de tornar o processo produtivo mais eficiente (MOTTA; CORÁ, 2017). Entre eles, destacam-se os estudos de tempos e movimentos realizados por Taylor (1965) no início do século XX, bem como o da centralização de comando proposto por Fayol (1965), seguidos por aqueles que desenvolveram a Escola de Relações Humanas, como Mayo (1933).

---

2   A distinção entre colaboradores e trabalhadores utilizada nesta obra será explicada adiante, ainda nesta seção introdutória – em *Da proposta deste livro à sua organização* –, mesma oportunidade em que serão contemplados os métodos de pesquisa nos quais os autores empregam cada um desses termos.

Ocorre que, antes da Revolução Industrial,[3] a qualidade era uma atividade de autocontrole realizada pelos artesãos. Já no início do século XX, com o advento da produção em massa e das teorias de Administração Científica da Produção lançadas por Taylor, o controle de qualidade passou a ser uma atividade externa à da produção, realizada pelo inspetor de qualidade. Esse controle que ele exercia consistia, então, na separação entre os produtos cujo estado era satisfatório e aqueles que apresentavam algum tipo de defeito (CARPINETTI, 2017; CARPINETTI; GEROLAMO, 2007).

Com a expansão da produção industrial obtida por meio dessa nova forma de se trabalhar, após algumas décadas percebeu-se que o essencial não era apenas que as indústrias disponibilizassem os produtos necessários aos consumidores, mas que essa produção também contasse com um controle de qualidade. E um controle que não só minimizasse as perdas da indústria e aumentasse sua rentabilidade, como ainda assegurasse a satisfação do consumidor com a oferta de produtos padronizados (CORREA, 2017), configurando-se, então, um dos efeitos do próprio progresso do campo. Surgia, assim, o controle da qualidade total (doravante, CQT).

Shewhart (1931), tal como Juran (1980) e Deming (1982), que o seguiram, foram os pioneiros nos Estados Unidos a elaborar o CQT com o objetivo de atender a essa necessidade da indústria e dos consumidores. Com o sucesso obtido localmente, após a Segunda Guerra Mundial, essa prática foi expandida para outros países que tinham sido destruídos por esse evento (BESTERFIELD *et al.*, 2003), sendo que, no Japão, o pensamento desses pioneiros da qualidade total foi muito bem recebido. Foi nesse país, como em nenhum outro lugar até aquele momento, que os estudiosos se dedicaram ao tema, a exemplo de Ishikawa (1985).

Graças a esses pesquisadores, verificou-se que o CQT – que, até então, era mais focado no processo produtivo – poderia ser expandido para as demais áreas da indústria, vindo a se tornar um processo de gestão da qualidade total – agora, portanto, GQT.

---

3   No segundo capítulo deste livro, os leitores observarão que a Revolução Industrial será mencionada novamente. Nesse ponto mais adiante, porém, orientados pela base teórica referenciada no texto, os autores se referirão, mais particularmente, à Revolução Industrial em sua segunda fase (entre a segunda metade do século XIX até meados do século XX), à qual determinados autores (BESTERFIELD *et al.*, 2003; JURAN, 1995) associarão o surgimento da GQT.

O sucesso e a expansão das empresas americanas e japonesas fizeram com que a GQT fosse adotada em parte relevante dos países. De modo mais simplificado, trata-se de um percurso que pode ser pincelado conforme a cronologia assinalada no Quadro 1.[4]

QUADRO 1 – DA TEORIA DA ADMINISTRAÇÃO À GQT: RESUMO DOS SEUS PRINCIPAIS TEÓRICOS E CONTRIBUIÇÕES

Período	Autor	Estudos que se debruçaram sobre
Início do século XX	Taylor	Os tempos e movimentos.
	Fayol	A centralização do comando.
	Mayo	O desenvolvimento da Escola de Relações Humanas.
A partir de 1930	Shewhart	A elaboração do CQT para atender a um duplo propósito: a melhoria contínua dos processos da indústria; a satisfação dos clientes.
A partir de 1950	Deming	
	Juran	
	Ishikawa	A expansão do CQT para as demais áreas da indústria, configurando a GQT.

Fonte: Desenvolvido pelos autores (2019).[5]

Desde a década de 1980 até os dias atuais, existe um consenso disseminado entre as empresas de que a GQT oferece uma contribuição para que sejam obtidos melhores resultados, de modo que a empresa que a implementa obtém uma vantagem competitiva em relação aos concorrentes (BRAH; LEE; RAO, 2002; JOINER, 2007; POWELL, 1995). Comprovando não

---

4   No segundo capítulo, que compreende mais detalhadamente a GQT, é apresentada uma linha do tempo na qual as informações sintetizadas no Quadro 1 são recuperadas, de modo a reconstruir um percurso mais detalhado.

5   A propósito desse primeiro quadro, os leitores ainda se depararão com uma série de quadros até o final da obra, sendo que as datas de elaboração que os acompanham variam entre si. Isto porque se trata de uma marcação do próprio período ao longo do qual, gradativamente, toda a pesquisa foi sendo desenvolvida, abrangendo desde o início da redação da tese de doutorado do Rodrigo Motta em 2016 até a redação final deste livro, em 2024.

apenas a disseminação desse consenso, como também a crescente importância da GQT, nas últimas décadas foram desenvolvidos os sistemas de gestão da qualidade (SGQ), uma ferramenta que se volta simultaneamente ao interesse do cliente e à melhoria contínua dos processos. Por meio de um SGQ, é possível tanto controlá-los quanto padronizá-los, o que permite que os resultados sejam devidamente mensurados e que, a partir deles, sejam tomadas as decisões necessárias, visando-se sempre ao aperfeiçoamento dos produtos e/ou serviços disponibilizados ao consumidor final.

Conforme Carpinetti (2017, p. 27), a ISO, elaborada pela International Organization for Standardization, é um "bom exemplo da atualidade e pertinência dos conceitos e técnicas de gestão oriundos dos programas de qualidade total". Trata-se, de acordo com o autor, de uma certificação que vem sendo cada vez mais exigida e adotada como uma prova de que a empresa detentora desse certificado gerencia minimamente a qualidade.

Além das certificações da ISO voltadas à área da qualidade (ISO 9000, 9001, 9004, 19011), outros programas também têm conquistado grande adesão nos últimos anos, a exemplo do Seis Sigma e da Produção Enxuta (PE), assim como tem ocorrido em relação às técnicas desenvolvidas a partir das iniciativas da GQT, tal como a FMEA e a 5S (CARPINETTI, 2017).

Na literatura disponível, há um extenso embasamento teórico para a utilização da GQT nas organizações, desde a sua concepção na década de 1930 até a sua aplicação nos dias atuais (BESTERFIELD *et al.*, 2003), chegando a ser encontrado até mesmo material nacional a respeito do tema, desenvolvido conjuntamente pelo Governo Federal, por empresas privadas e organizações da sociedade civil, como a Fundação Nacional da Qualidade (FERNANDES, 2011). Todavia o que se observa é que esse material trata ou da implementação da GQT em toda a organização ou, mais especificamente, de sua implementação na área de produção.

Quanto aos programas de GQT independentes e desenvolvidos exclusivamente para vendas – e, ainda mais precisamente, para as vendas praticadas por empresas da indústria de bens de consumo não duráveis –, estando ou não subordinados a um programa mais abrangente, não são encontradas publicações a respeito, nem entre as publicações nacionais nem entre as publicações internacionais, conforme será oportunamente explicitado no item 2.2, *Estudos mais recentes que envolvem a GQT, sua importância e aplicação*. A exceção se verifica tão somente em relação à tese de doutorado da qual este livro se origina, bem como a outros desdobramentos advindos da própria tese (caso dos artigos acadêmicos[6]), a fim de que a tratativa do tema possa alcançar um público mais abrangente, dentro e/ou fora da esfera de atividades característica do meio acadêmico.

Assim, a principal motivação para o surgimento desta publicação sob essa configuração, em particular, se dá justamente pela atual inexistência da aplicação da GQT em vendas de bens de consumo não duráveis nos materiais hoje disponíveis, ainda que o tema da GQT em si já tenha sido explorado em artigos e livros mais notadamente durante a década de 1990, concentrando-se em especial na aplicação do modelo de GQT na área de produção.

Ainda quanto à aplicação da GQT em vendas de bens de consumo não duráveis na indústria brasileira, especificamente, a essa motivação também se acrescenta a própria experiência dos autores, com destaque para a trajetória profissional de Motta, que, durante mais de 30 anos, foi responsável por desenvolver e implementar o programa de GQT em vendas nas empresas em que trabalhou como executivo e empresário. Posteriormente, como consultor, Motta teve, ainda, a oportunidade de implementar o programa de GQT em vendas em outras empresas, sendo que, em todos os casos, a implementação foi realizada com sucesso, refletindo-se no crescimento de receita e lucro para cada organização.

Também nessa área, Lacerda, pesquisador e executivo com experiência em áreas de *backoffice* (controladoria, planejamento financeiro, administração de vendas e trade marketing), se especializou no controle e gerenciamento de desempenho de operações de vendas, vindo daí a participar da implementação de programas de GQT em vendas como executivo e, também,

---

[6] Entre os artigos, estão: "Estudo de caso com as motivações, o método de implementação e o impacto do programa de gestão da qualidade total em vendas em uma indústria de bens de consumo não duráveis", publicado em 2018 na *Revista Gestão e Planejamento* (MOTTA; LACERDA; SANTOS, 2018); "Programa de GQT em vendas de bens de consumo não duráveis: estudo de caso com motivações, método de implementação e resultados", publicado em 2020 na *Revista Pensamento & Realidade* (MOTTA et al., 2020); e "Programa de GQT em vendas: motivações, método de implementação e resultados numa empresa de produtos de higiene e beleza", publicado em 2021 na *Revista Pensamento & Realidade* (MOTTA et al., 2021).

como consultor, atuando em conjunto com Motta, assim, auxiliando outros executivos a estruturarem esse tipo de programa nas empresas.

Mola, por sua vez, em diferentes oportunidades integrou equipes nas quais o foco em vendas orientou a elaboração de diversas estratégias de ação, tanto junto aos consumidores (para os quais se pensava a comunicação externa) quanto junto aos próprios vendedores (abrangidos na comunicação interna), o que lhe permitiu conhecer, analisar e contribuir com o aperfeiçoamento de diferentes modelos de aplicação, situada no campo de conhecimento dos estudos da linguagem e da interação.

Pinceladas e articuladas a Teoria da Administração e a GQT no que tange à sua evolução, é necessário contextualizar, agora, os principais aspectos que definem o atual cenário pelo qual as empresas da indústria de bens de consumo não duráveis estão passando no Brasil.

O CONTEXTO GERAL DA INDÚSTRIA BRASILEIRA DE BENS DE CONSUMO NÃO DURÁVEIS

No Brasil, as empresas da indústria de bens de consumo não duráveis oferecem seus produtos aos consumidores por meio de uma multiplicidade de modelos de atendimento e canais de distribuição (MOTTA; SANTOS; SERRALVO, 2008; PARENTE; BARKI, 2014), tais como a venda porta a porta, a venda pela internet e a venda por meio de muitos varejistas (como farmácias, mercearias e mercados), sendo que a maior parte dos consumidores adquire esses bens de consumo não duráveis nos supermercados, que compõem a maior parte do chamado canal alimentar (MOTTA; SANTOS; SERRALVO, 2008).

Devido a um conjunto de fatores, a venda desses produtos tem se tornado mais difícil no século XXI. Entre eles, destacam-se:

I. as dificuldades na comunicação com os novos consumidores, haja vista as mudanças de hábito e perfil (CALLIARI; MOTTA, 2012; GODOI; LAS CASAS; MOTTA, 2015; PULIZZI, 2014);
II. a mudança no formato e na competitividade dos canais de distribuição (ALVAREZ, 2008; KUMAR, 2004; MOTTA; SANTOS;

SERRALVO, 2008), que tornou esses canais mais fortes e mais exigentes em relação às empresas (MOTTA; SILVA, 2006);

III. as turbulências econômicas enfrentadas no país (BACHA, 2017; BOLLE, 2016; SALTO; ALMEIDA, 2016).

A todos esses aspectos, somam-se ainda o surgimento de muitas novas marcas para disputar a preferência dos consumidores nesses mesmos canais (MORICI, 2013; MOTTA, 2016) e os próprios desdobramentos políticos, econômicos e sociais associados à pandemia de covid-19, que se caracterizou como mais uma adversidade a ser superada não apenas no que diz respeito à expansão do setor, como também à própria manutenção dele.

Desse conjunto de fatores que caracterizam os desafios que se impõem mais recentemente às empresas no que tange à venda dos seus produtos, as mudanças suscitadas pelo avanço tecnológico parecem figurar como algumas das mais significativas, justamente por perpassarem – em maior ou menor intensidade – as demais, influenciando decisivamente não só as mudanças de hábito e de perfil do consumidor, como também a relação entre este e a própria figura do vendedor, cuja atuação tem sido repensada.

Dessa forma, conquanto o propósito desta obra compreenda – entre outras questões – os resultados obtidos pela implementação da GQT em vendas, não se pode também ignorar o contexto geral no qual hoje o vendedor e a própria área de vendas se situam. Pelo contrário: sabe-se que, com o avanço das inovações tecnológicas, certos conceitos até então mobilizados na área de vendas – como competência e persuasão, para citar apenas dois deles – podem, aos poucos, passar a ser considerados um pouco mais "obsoletos" em determinados contextos de compra, como nos casos em que a conclusão da venda de um produto venha a depender muito mais das fontes de informação das quais o consumidor se abastece do que da própria intervenção do vendedor em si.

Nesse sentido, não por acaso já se fala, há algum tempo, da potencial extinção dessa profissão no mercado. Contudo, se a tendência aponta para o desaparecimento desse profissional como ele ainda hoje é muitas vezes reconhecido (frequentemente associado a um "tirador de pedidos", embora suas tarefas sejam muito mais abrangentes), fato é que não se pode prever quando isso efetivamente acontecerá.

Assim é que, tal como diversos outros segmentos, as empresas da indústria de bens de consumo não duráveis vêm empreendendo uma série de mudanças em suas áreas comerciais para atender às novas características desse mercado no qual diversos desafios se impõem. Entre essas mudanças, podem-se destacar:

I. o desenvolvimento de novas abordagens e ferramentas de marketing (GODOI; LAS CASAS; MOTTA, 2015; MOTTA, 2016);
II. a constituição do departamento de trade marketing (ALVAREZ, 2008; MOTTA; SANTOS; SERRALVO, 2008);
III. a constituição de equipes de venda dedicadas a contas-chave (KUMAR, 2004);
IV. a formação de equipes de administração de vendas dedicadas a melhorar o nível do serviço oferecido aos varejistas (MORICI, 2013; MOTTA; SANTOS; SERRALVO, 2008).

Além disso, também foram desenvolvidos programas de GQT dedicados a essas áreas – programas muitas vezes independentes de programas de qualidade mais abrangentes utilizados em outras áreas da empresa (MOTTA; CORÁ, 2017).

DA PROPOSTA DESTE LIVRO À SUA ORGANIZAÇÃO

Dado o contexto já exposto, do objetivo geral que orienta o estudo empreendido neste livro – conforme já assinalado, compreender a implementação do programa de GQT em vendas na indústria brasileira de bens de consumo não duráveis, sendo esse um programa cuja implementação tenha se dado independentemente de outros –, desdobram-se outros três específicos, por meio dos quais se busca responder às três questões formuladas logo no início destas considerações.

O primeiro deles consiste em investigar o que motiva uma empresa desse segmento a implementar um programa de GQT em vendas; o segundo, em distinguir qual o método de implementação do programa; o terceiro, em avaliar quais os resultados obtidos após um ano da implementação do programa no que se refere às metas, aos processos-chave e à percepção dos *colaboradores* e trabalhadores a esse respeito, bem como à percepção dos *trabalhadores* acerca dos impactos desse programa sobre a própria atuação, de forma mais específica.

Aqui, em relação ao emprego dos termos "colaboradores" e "trabalhadores" – destacada já na terceira pergunta dentre aquelas que abriram esta introdução –, trata-se de uma distinção de caráter geral por meio da qual se buscou categorizar em dois grupos distintos todos aqueles profissionais que, ao final, compuseram a amostra de entrevistados da pesquisa empreendida.

A começar por aquele referente aos *colaboradores*, foi constituído por presidentes, diretores comerciais, gerentes de vendas e consultores que, em comum, não só estiveram implicados nas motivações para o desenvolvimento de um programa de GQT em vendas por parte das suas respectivas empresas, como também igualmente envolvidos na implementação e na avaliação dos seus resultados.

Em relação ao grupo dos *trabalhadores*, que se encontravam sob a liderança de um gerente de vendas, nele se pretendeu congregar os demais profissionais que não participaram nem do processo de elaboração nem do processo de implementação do programa,[7] ou mesmo cuja participação não foi decisiva para tanto, caso dos promotores de vendas e merchandising e dos vendedores.[8]

---

7   Apesar da sua não "colaboração" direta em relação à instituição do programa em si, trata-se já de um pressuposto que a adoção de qualquer mudança efetivada pelo empregador nos modos de produção de qualquer que seja o trabalho acaba impactando o(s) modo(s) de fazer daqueles por ele empregados – razão pela qual se buscou analisar os efeitos desse impacto sob o prisma desses funcionários, em especial.

8   Encerrando as considerações que foram levantadas para que os autores pudessem se orientar por essa distinção, verificou-se que, como equivalente de "empregado", a Consolidação das Leis de Trabalho (CLT) aplica o termo "trabalhador" (de forma que, na prática, o uso de "empregador-empregado", de "empregador-funcionário" ou, ainda, de "empregador-trabalhador" define, de modo geral, uma mesma relação de emprego), mas que o mesmo, todavia, não se aplica ao uso de "colaborador" – termo cuja inscrição não se lê entre as normas da CLT que regulam essa relação (BRASIL, 2017). De acordo com o que se pôde constatar em consulta a sites focados em conteúdos relativos às áreas de Administração e outras tantas afins, o termo "colaborador" mais frequentemente posto em circulação,

> **O QUE SIGNIFICAM "COLABORADORES" *VS.* "TRABALHADORES", CONFORME O SEU EMPREGO NESTA OBRA?**
>
> Por "colaboradores" estão sendo designados todos aqueles profissionais que atuaram como responsáveis pela implementação do programa de GQT em vendas dentro da empresa e/ou como "facilitadores" desse processo: presidentes, diretores comerciais, gerentes de vendas e consultores externos.
>
> Por "trabalhadores" são designados todos aqueles que *não* participaram desse processo (nem de elaboração nem de implementação), mas que tiveram a atuação profissional impactada por ele: promotores de vendas e merchandising e vendedores.

Para que os três objetivos em questão pudessem ser alcançados, foram combinadas três estratégias de investigação qualitativa, isto é, foram adotados três métodos de um tipo de pesquisa que compreende a aplicação de alguns "pressupostos e o uso de estruturas interpretativas/teóricas que informam o estudo dos problemas da pesquisa, abordando os significados que os indivíduos ou grupos atribuem a um problema social ou humano" (CRESWELL, 2014, p. 49-50). Resumidos a seguir, esses três métodos foram os seguintes: o *estudo fenomenológico*, o *estudo de caso* e o *grupo focal*.

O *estudo fenomenológico* se caracteriza por "uma ênfase em um *fenômeno* a ser explorado, expresso em termos de um [...] conceito ou ideia" (CRESWELL; PLANO CLARK, 2013, p. 73, grifo dos autores). No caso, como já se sabe, o fenômeno correspondeu aos programas de GQT em vendas implementados em quinze empresas da indústria de bens de consumo não duráveis situadas no Brasil. Em relação à seleção dessas empresas, além de terem no trade marketing um departamento em comum, no qual

---

não apenas é proposto como sinônimo de "empregado" e "funcionário", como também é aplicado no sentido de se tratar de alguém que "[...] participa e discute o processo [...]" (SOUZA, 2017). Ademais, dado que a discussão fomentada no grupo focal (no Capítulo 7) envolveu exclusivamente vendedores e promotores de vendas e merchandising, que sua análise se orientou por três dimensões críticas extraídas do livro de Tragtenberg (1977) e que este é um autor que se refere a "classes trabalhadoras" e a "trabalhadores", estimou-se, então, que o uso de "trabalhadores" para a menção a esse segundo grupo também se ajustaria melhor à própria proposta dessa abordagem.

foram concentradas as questões referentes à implementação do próprio programa, sua participação no estudo esteve condicionada ao preenchimento de três requisitos principais.

Em primeiro lugar, foram escolhidas aquelas cujos produtos estivessem posicionados entre as cinco primeiras posições de vendas em pelo menos uma das categorias de bens de consumo não duráveis segundo a classificação da Associação Brasileira de Supermercados (Abras) em 2016. No Quadro 2, observa-se, por exemplo, que as empresas eleitas tinham participação suficiente para estar entre os cinco produtos mais vendidos de 42% das categorias de bens de consumo não duráveis auditadas pela Abras no Brasil. Em segundo lugar, cada empresa deveria contar com um programa de GQT em vendas e disponibilizar o acesso aos documentos que compunham esse programa (manuais, apresentações, comunicação escrita). E, em terceiro, também deveriam autorizar que os executivos que lideravam a gestão do programa de GQT em vendas participassem de uma entrevista com um dos autores deste trabalho – no caso, Motta.

QUADRO 2 – EMPRESAS PESQUISADAS: IMPORTÂNCIA E PARTICIPAÇÃO NO SEGMENTO

Linha de produtos	Número de categorias	Número de produtos líderes participantes do estudo	Participação nas vendas totais do segmento (%)
Alimentos	73	13	18
Perecíveis	24	22	92
Bazar	16	0	0
Bebidas	21	10	48
Higiene e beleza	42	30	71
Limpeza	19	7	37
Total	195	82	42*

Fonte: Desenvolvido pelos autores (2019).
*Conta ponderada

Com isso, foram realizadas 45 entrevistas e 45 observações de campo – três em cada uma das quinze empresas –, sendo que os entrevistados corresponderam ao aqui chamado grupo dos colaboradores (ou seja, o dos presidentes, diretores comerciais, gerentes de vendas e consultores que apoiaram a elaboração e/ou facultaram a implementação do programa de GQT em vendas).

Quanto ao material coletado ao final para análise, este compreendeu todos os dados advindos das entrevistas e das observações de campo associados a um conjunto de estratégias aplicado para torná-lo ainda mais consistente, a saber: a triangulação das fontes de dados, a verificação das anotações junto aos entrevistados, a utilização de uma descrição densa dos resultados, o esclarecimento do viés dos pesquisadores, o compartilhamento das informações discrepantes ou negativas e a revisão do conteúdo por pessoas independentes.

Concluído o estudo fenomenológico, o método seguinte consistiu no *estudo de caso*, outro modelo de estudo qualitativo que permite que um caso seja estudado em um contexto atual e real (YIN, 2010), e que, também por essa razão, favorece uma compreensão em profundidade do fenômeno que está sendo estudado (CRESWELL, 2014).

Em vista disso – bem como do fato de se tratar de um tema ainda pouco explorado –, nesta obra são abordados três estudos de caso, uma vez identificada a oportunidade de que o estudo fenomenológico pudesse ser enriquecido não apenas por meio da mensuração mais detalhada do impacto do programa de GQT em vendas nas empresas (mediante a contribuição dos colaboradores), como também por meio da verificação desse impacto na perspectiva dos trabalhadores (ou seja, os promotores de vendas e merchandising e os vendedores, conforme a distinção desses grupos já assinalada).

Para os três estudos de caso mencionados, participaram, então, três das empresas selecionadas entre as quinze anteriormente abrangidas: uma de pequeno, uma de médio e outra de grande porte.

O QUE SE DEVE ENTENDER POR "PEQUENO", "MÉDIO" E "GRANDE" PORTE EM RELAÇÃO ÀS EMPRESAS QUE TORNARAM POSSÍVEIS OS TRÊS ESTUDOS DE CASO DESTA OBRA?

Para a melhor organização e classificação das empresas participantes da pesquisa, os autores acordaram que:

- *pequeno* porte: empresa com faturamento anual de **até** R$ 100 milhões/ano à época deste estudo e que contava com 75 funcionários;

- *médio* porte: empresa com faturamento anual **superior a** R$ 150 milhões/ano, com 450 funcionários nessa mesma ocasião;

- *grande* porte: empresa com faturamento anual **a partir de** R$ 1 bilhão/ano, com 1.300 funcionários no referido período.

A primeira dessas empresas, de pequeno porte (doravante também denominada E1), é multinacional e está presente em mais de cem países. Na ocasião do estudo, apresentava faturamento superior a 1 bilhão de dólares no mundo e, no Brasil, um faturamento de 100 milhões de reais. Com 75 funcionários no total, é líder em uma categoria de alimentos e em uma categoria de bebidas premium – categoria cujo preço para o consumidor é superior ao do líder de mercado em pelo menos 20%. A E1 atua em todas as regiões do país, e seu principal canal de distribuição são os supermercados. Nela, foram entrevistados 38 profissionais da área comercial (entre colaboradores e trabalhadores, consoante a distinção já explicitada).

A segunda empresa, de médio porte (doravante também denominada E2), é nacional e disponibiliza seus produtos por todo o território brasileiro, valendo-se, para tanto, dos mais diferentes canais. Também no momento em que o estudo se deu, detinha um faturamento superior a 150 milhões de reais. Líder em uma categoria de alimentos, somava 450 funcionários, dos quais 34 atuavam na área comercial (entre colaboradores e trabalhadores), todos eles entrevistados, bem como os três consultores externos por ela contratados, os quais já tinham experiência no desenvolvimento e na implementação desse tipo de programa.

A terceira empresa, de grande porte (doravante também referida como E3), pertence a um dos maiores grupos privados do país. Com 1.300 funcionários e faturamento superior a 1 bilhão de reais à época, ela comercializa produtos de higiene e beleza, sendo que seus produtos estão disponíveis em todo o território nacional e são dois os seus principais canais de distribuição: os supermercados e os atacadistas que comercializam seus produtos para os pequenos varejistas. Nela, foram entrevistados 120 profissionais (também entre colaboradores e trabalhadores).

No Quadro 3, foram reunidas as principais informações discriminadas acerca de E1, E2 e E3.

QUADRO 3 – AMOSTRA DAS EMPRESAS QUE COMPUSERAM OS ESTUDOS DE CASO

Tipo de dado	E1 (pequeno porte)	E2 (médio porte)	E3 (grande porte)
Quanto à atuação	Multinacional	Nacional	Multinacional
Faturamento anual no mundo	Superior a US$ 1 bilhão	–	Superior a US$ 1 bilhão
Faturamento anual no Brasil	R$ 100 milhões	Superior a R$ 150 milhões	Superior a R$ 1 bilhão
Alcance no Brasil	Em todas as regiões	Em todas as regiões	Em todas as regiões
Total de funcionários na empresa	75	450	1.300
Total de funcionários na área comercial	38	34	120
Categoria(s) em que é líder	Alimentos e bebidas premium	Alimentos	Higiene e limpeza
Principal canal de distribuição	Supermercados	Supermercados e distribuidores	Supermercados e atacadistas

Fonte: Desenvolvido pelos autores (2019).

No conjunto das entrevistas para que se efetivassem os estudos de caso, com o objetivo de que todos os objetivos específicos pudessem ser alcançados por meio dessa abordagem, considerou-se ainda a incorporação daquelas já realizadas com alguns dos executivos de altos cargos por ocasião do estudo fenomenológico, à qual se somaram aquelas também realizadas com os supervisores de vendas e merchandising e os vendedores. Quanto ao material coletado ao final para análise, este compreendeu não somente as entrevistas com esses colaboradores e trabalhadores, como também o acesso ao programa de GQT em vendas das três empresas, as demonstrações de resultados e os dados brutos obtidos em cada um dos indicadores de cada programa.

Concluídos os três estudos de caso, o *grupo focal* foi considerado relevante para que se pudesse obter uma maior compreensão acerca da percepção dos trabalhadores, cuja atuação foi diretamente impactada pela implementação do programa de GQT em vendas. Por definição, trata-se de uma abordagem que consiste em "uma sessão em grupo semiestruturada, moderada por um líder, realizada em um local informal, com o propósito de coletar informações sobre um determinado tópico" (CAREY, 1995, p. 226), de modo que, aqui, a continuidade do estudo por meio da adoção desse terceiro método de pesquisa também se explica, entre outras razões, pelo interesse destes autores em verificarem se haveria – e, havendo, qual seria – a necessidade de aperfeiçoamento do programa. Uma observação, portanto, que só se poderia lograr de maneira efetiva mediante a avaliação daqueles que o executam no dia a dia somada aos demais resultados apreendidos até então.

Para a composição do grupo, contou-se com a participação de sete profissionais atuantes na empresa de pequeno porte (a mesma que viabilizou o primeiro estudo de caso), entre os quais se encontravam cinco promotores de vendas e merchandising e dois vendedores. A participação no programa de GQT pelo período de ao menos um ano foi considerada pré-requisito para essa seleção – o que, na prática, significou que, uma vez que o referido programa já completara um ano desde a sua implementação, esses sete participantes deveriam estar nele inseridos desde que teve início na E1.

Para a coleta dos dados que permitiu a análise da percepção desses sete trabalhadores quanto aos resultados da implementação do programa de GQT em vendas na E1, foram selecionadas três dimensões críticas extraídas da obra de Tragtenberg (1977), as quais serão explicitadas no item 2.4, "Tragtenberg e a *Burocracia e ideologia*":

I. a realização de atividades predefinidas e padronizadas;
II. o domínio da burocracia sobre o trabalhador;
III. o foco no resultado e na eficiência.

Além disso, foram trabalhados os recortes de três filmes por meio dos quais se pretendeu a provocação dos participantes, mediante a relação que podiam vir a estabelecer entre os conteúdos veiculados nos trechos desses filmes e o seu cotidiano de trabalho no programa de GQT em vendas: *Um senhor estagiário* (2015), cujos trechos foram relacionados à primeira dimensão da obra de Tragtenberg; *Os incríveis* (2004), cujos trechos foram relacionados à segunda dimensão; e *Amor sem escalas* (2009), cujos trechos foram relacionados à terceira.

Quanto à sua organização no geral, esquematizada no Quadro 4, este livro se desenvolve em sete capítulos, além desta seção introdutória e das conclusões e considerações finais. Do terceiro ao sétimo capítulo, são apresentados os resultados e a discussão dos resultados, todos eles compreendendo a articulação entre a abordagem metodológica adotada e o objetivo específico pelo qual essa escolha se deu. No mais, ao final de cada capítulo são propostas algumas questões, com o objetivo de contribuir para que os leitores possam fixar mais facilmente alguns conceitos e consolidar o conhecimento a respeito do tema.

QUADRO 4 – RESULTADOS E DISCUSSÃO DOS RESULTADOS APRESENTADOS EM CADA CAPÍTULO

Capítulo	Método de pesquisa	Objetivos específicos que orientam a análise pretendida
3	Fenomenológico	1. Investigar o que motiva uma empresa da indústria brasileira de bens de consumo não duráveis a implementar um programa de GQT em vendas. 2. Distinguir qual o método de implementação do programa. 3A. Avaliar quais os resultados obtidos após a implementação do programa no que se refere às metas, aos processos-chave e à percepção dos colaboradores no que diz respeito a isso, sendo que, em relação aos três estudos de caso, especificamente, aí também se inclui a percepção dos trabalhadores. (No caso do estudo fenomenológico, somente a dos colaboradores.)
4	Estudo de caso 1 (EC1)	
5	Estudo de caso 2 (EC2)	
6	Estudo de caso 3 (EC3)	
7	Grupo focal	3B. Avaliar os resultados obtidos após a implementação do programa no que se refere à percepção dos trabalhadores cuja atuação foi diretamente impactada por ele.

Fonte: Desenvolvido pelos autores (2019).

Quanto ao conteúdo mais específico disposto em cada capítulo, o primeiro deles, centrado no marketing e na indústria de bens de consumo não duráveis, compreende três tópicos nos quais se discorre sobre:

I. a estreita relação entre as áreas de marketing, de vendas e de trade marketing;
II. os formatos por meio dos quais as empresas dessa indústria disponibilizam seus produtos aos consumidores;
III. os principais desafios para que a disponibilização dos produtos aos consumidores aconteça de forma eficaz e eficiente.

Do mesmo modo, o segundo capítulo, dedicado ao entendimento da GQT, também é composto por três subcapítulos, nos quais são abordados:

I. o conceito e a evolução da GQT ao longo dos séculos XX e XXI, contemplando-se aí o levantamento das pesquisas nacionais e internacionais que exploram o tema;
II. a GQT aplicada à área de vendas, sobre a qual essas pesquisas (bem como a literatura disponível, tal como já assinalado) não se concentram em caráter exclusivo;
III. a perspectiva de Tragtenberg (1977) em *Burocracia e ideologia*, a partir da qual se pôde viabilizar a análise acerca da percepção dos trabalhadores da área de vendas (conforme já explicado, os promotores de vendas e merchandising e os vendedores) cuja atuação foi diretamente impactada pela implementação do programa.

O terceiro capítulo reúne os resultados relativos ao primeiro ano de implementação do programa de GQT em vendas advindos das quinze empresas que compuseram a amostra da abordagem fenomenológica, conforme já determinado. Nele, contemplam-se as motivações, o método de implementação dos respectivos programas e os resultados obtidos após essa implementação no que se refere às metas, aos processos-chave e à percepção dos colaboradores que apoiaram a sua elaboração e implementação (novamente, os responsáveis e/ou facilitadores), como se verifica no Quadro 5.

QUADRO 5 – TÓPICOS DECORRENTES DO ESTUDO FENOMENOLÓGICO A SEREM ANALISADOS NO CAPÍTULO 3

Estudo fenomenológico	Breve introdução aos resultados advindos das quinze empresas.
	Motivações para a implementação do programa de GQT em vendas.
	Método de implementação característico a quase todas essas empresas.
	Resultados referentes aos impactos do programa na perspectiva dos *colaboradores*.

Fonte: Desenvolvido pelos autores (2019).

Uma vez que, em relação ao objetivo de distinguir o método de implementação do programa, foram identificados doze aspectos comuns à esmagadora maioria das empresas cujos programas de GQT em vendas foram analisados, o estudo fenomenológico retratado no terceiro capítulo compreende ainda um tópico dedicado a cada um desses aspectos, compondo, assim, a sequência registrada no Quadro 6.

QUADRO 6 – TÓPICOS DECORRENTES DO MÉTODO DE IMPLEMENTAÇÃO CARACTERÍSTICO À MAIOR PARTE DAS QUINZE EMPRESAS

1	O programa de GQT em vendas é uma iniciativa da liderança da empresa.
2	Os temas desses programas visam a elucidar a mensagem e a motivar a equipe.
3	Nos programas de GQT em vendas, há um foco na melhoria da competitividade do negócio.
4	São elaborados indicadores de desempenho para os processos-chave e para as vendas realizadas.
5	O programa de GQT em vendas abrange todos os membros da equipe comercial.
6	Clientes-chave também participam do programa de GQT em vendas.
7	O programa deve ter os seus objetivos alinhados com o calendário da empresa que o implementa.
8	A remuneração da equipe deve ser associada ao programa.
9	A tecnologia cumpre um papel relevante no programa de GQT em vendas.
10	O treinamento contínuo é necessário para o sucesso do programa.
11	O programa deve ser controlado e auditado permanentemente.
12	O programa necessita de constantes revisões.

Fonte: Desenvolvido pelos autores (2019).

Passando aos Capítulos 4, 5 e 6, estes reúnem os resultados referentes aos estudos de caso realizados junto às empresas de pequeno, médio e grande porte já apresentadas. Neles, porém, além dos resultados relativos aos três aspectos já pontuados em relação ao estudo fenomenológico, à percepção dos colaboradores do programa sobre o próprio programa acrescenta-se a percepção dos trabalhadores dessas três empresas, tal como registrado no Quadro 7.

QUADRO 7 – TÓPICOS DECORRENTES DOS TRÊS ESTUDOS DE CASO ANALISADOS

Método	O que a análise dos Capítulos 4, 5 e 6 contempla
Estudo de caso 1 (EC1)	Breve introdução aos resultados advindos da E1.
	As motivações e o método de implementação do programa de GQT em vendas.
	Os resultados referentes ao atingimento de metas e ao cumprimento dos processos-chave.
	Os resultados referentes ao atingimento de metas de receita líquida.
	Os resultados referentes à realização dos processos-chave.
	Os resultados referentes aos impactos do programa na perspectiva dos seus colaboradores e trabalhadores.
Estudo de caso 2 (EC2)	Breve introdução aos resultados advindos da E2.
	As motivações e o método de implementação do programa de GQT em vendas.
	Os resultados referentes ao atingimento de metas e ao cumprimento dos processos-chave.
	Os resultados referentes ao atingimento de metas de receita líquida e rentabilidade.
	Os resultados referentes à realização dos processos-chave.
	Os resultados referentes aos impactos do programa na perspectiva dos seus colaboradores e trabalhadores.
Estudo de caso 3 (EC3)	Breve introdução aos resultados advindos da E3.
	As motivações e o método de implementação do programa de GQT em vendas.
	Os resultados referentes ao atingimento de metas e ao cumprimento dos processos-chave.
	Os resultados referentes ao atingimento de metas de receita líquida e rentabilidade.
	Os resultados referentes à realização dos processos-chave.
	Os resultados referentes aos impactos do programa na perspectiva dos seus colaboradores e trabalhadores.

Fonte: Desenvolvido pelos autores (2019).

Ainda em relação ao Quadro 7, destaca-se que, embora a análise dos três estudos de caso tenha se orientado por um padrão – que se estendeu igualmente aos títulos de cada subseção –, o segundo e terceiro estudos de caso abrangem não só os resultados referentes ao atingimento de metas de receita líquida – como no primeiro –, como também os resultados referentes ao atingimento de rentabilidade, conforme a demanda apresentada pelas empresas de médio e grande porte.

O Capítulo 7 reúne os resultados advindos da aplicação do método do grupo focal, agora evidenciando-se a avaliação dos resultados obtidos no que se refere exclusivamente aos trabalhadores inseridos no programa com base na própria perspectiva – portanto, não mais incorporando a ótica dos executivos entrevistados –, conforme esquematizado no Quadro 8.

QUADRO 8 – APRESENTAÇÃO DOS TÓPICOS DECORRENTES DO GRUPO FOCAL A SEREM ANALISADOS, CONTEMPLADOS NO CAPÍTULO 7

Grupo focal	Os resultados referentes aos impactos do programa sobre a atuação dos *trabalhadores* na perspectiva desses próprios trabalhadores da E1.
	Avaliação da realização das atividades predefinidas e padronizadas.
	Avaliação do domínio da burocracia sobre o trabalhador.
	Avaliação do foco no resultado e na eficiência.

Fonte: Desenvolvido pelos autores (2019).

Por fim, para o fechamento do Capítulo 7, que antecede a conclusão e as considerações finais, são retomados os principais impactos decorrentes da implementação do programa de GQT em vendas depreendidos do conjunto de todas as análises realizadas.

OS IMPACTOS JÁ OBTIDOS POR MEIO DA GQT EM VENDAS

Antecipados os resultados analisados a partir de todas as empresas que compuseram a amostra por meio da qual se efetivou a pesquisa, verificou-se que, um ano depois da implementação do programa de GQT em vendas, os impactos dela decorrentes podem ser segmentados em três dimensões principais, por meio dos quais a sua real contribuição pode ser bem assinalada:

I. o mercado em geral;
II. os negócios da empresa;
III. o desempenho dos trabalhadores.

No que se refere à dimensão do mercado em geral (da qual a dimensão dos negócios é, sem dúvida, parte constitutiva), os impactos identificados se encontram diretamente relacionados às próprias motivações pelas quais as empresas participantes desta pesquisa se valeram da implementação do programa. Em outras palavras, isso significa que, tal como se constatou, o programa contribuiu tanto para a melhoria da receita (ponto particularmente impactante em empresas no Brasil, dadas a instabilidade na economia e a tendência que algumas vezes se evidencia em relação à queda do consumo) quanto para a melhoria da rentabilidade – dois dos indicadores da maior importância para a consolidação das empresas num mercado que, entre outros fatores, também se mantém aquecido por meio dessa consolidação e da concorrência dela advinda.

Nessa mesma linha, o terceiro principal fator de motivação encontrado nas empresas correspondeu à necessidade de eleger e avaliar o cumprimento dos processos-chave, o que também se concretizou, sobretudo mediante a padronização das atividades de vendas. Uma vez que essa padronização foi estabelecida, o número de vendas aumentou, potencializando os negócios da empresa (segunda dimensão), num processo de retroalimentação, dado que a potencialização dos negócios viabiliza o aumento da receita e da rentabilidade – os quais, a seu turno, contribuem para a consolidação das empresas no mercado.

No mais, no que tange ao desempenho dos trabalhadores nas empresas, tomando-se neste momento aqueles cuja atuação foi diretamente impactada pela implementação do programa (promotores de merchandising e vendedores), também foram observados impactos positivos, enfatizando-se, em especial, a padronização das atividades desempenhadas, haja vista a segurança que ela proporciona a esses trabalhadores quanto às tarefas que devem desempenhar e a quais são tanto as expectativas quanto as contrapartidas em razão desse seu desempenho.

Essa síntese está esquematizada no Quadro 9.

QUADRO 9 – SÍNTESE DOS IMPACTOS DECORRENTES DA IMPLEMENTAÇÃO DO PROGRAMA EM TRÊS DIMENSÕES

Impactos provocados pela implementação do programa	Dimensão na qual podem ser classificados
Aumento da receita e da rentabilidade.	Mercado em geral.
Eleição e avaliação do cumprimento dos processos-chave.	Negócios da empresa.
Predefinição da atividade = segurança. Atingimento das metas e cumprimento dos processos-chave = motivação.	Desempenho dos trabalhadores.

Fonte: Desenvolvido pelos autores (2019).

Conforme os próprios resultados permitem depreender, esta, portanto, é uma obra que busca não só preencher uma lacuna acadêmica no que concerne ao desenvolvimento da GQT no Brasil, como também no que se refere ao desenvolvimento das estruturas e dos processos comerciais das empresas da indústria brasileira de bens de consumo não duráveis – o que pode ser relevante para os acadêmicos de administração e negócios que estudam a GQT ou as estruturas de vendas, assim como para executivos que liderem áreas comerciais e que estejam interessados em aumentar a competitividade de suas empresas com a utilização de programas de GQT. Isso, claro, sem contar a possibilidade, já ventilada inicialmente, de que outras áreas de atuação também venham a se beneficiar desse modelo, tal como já sucedeu a uma delas no campo esportivo, inspirada no programa de GQT em vendas, também disponibilizada como Apêndice C ao final desta obra.

CAPÍTULO 1:

O MARKETING E A INDÚSTRIA DE BENS DE CONSUMO NÃO DURÁVEIS

Bens de consumo não duráveis são aqueles adquiridos com o objetivo de satisfazer uma necessidade básica de consumo do consumidor, a ser atendida em um curto período após a aquisição do produto (PARENTE; BARKI, 2014). Podem ser considerados participantes dessa categoria produtos como alimentos, bebidas, itens de bazar, higiene e limpeza (MOTTA; SANTOS; SERRALVO, 2008, 2017; MOTTA; TURRA; MOTTA, 2017). Os consumidores podem adquirir esses produtos para consumo imediato – em especial, no caso de alimentos e bebidas – ou para consumo futuro, armazenando-os em casa para uma ocasião posterior.

A seguir, são explicitados três tópicos centrais que perpassam a oferta dos bens de consumo não duráveis:

I. as principais atuações dos departamentos de marketing, vendas e trade marketing e as correlações que existem entre elas;
II. seus canais de distribuição;
III. os desafios das empresas da indústria de bens de consumo não duráveis no que se refere às vendas. Embora a GQT também perpasse essa oferta, entendeu-se a necessidade de que, visando à melhor organização desta obra, ela fosse abrangida somente no segundo capítulo.

No primeiro tópico (1.1), discorre-se, em linhas gerais, acerca das funções das áreas de marketing, de vendas e de trade marketing, a fim de que, além da breve explanação individual e da inter-relação identificada entre elas, os canais de distribuição da indústria de bens de consumo duráveis – abordados na subseção seguinte – possam ser situados a partir da compreensão de como atuam esses departamentos que os gerenciam.

No segundo tópico (1.2), enfatizando-se os canais de distribuição por meio dos quais esse tipo de indústria atende os consumidores, são apresentados três quadros, respectivamente: o caminho percorrido pelo produto desde o produtor até o consumidor final, a identificação (de modo geral) dos canais utilizados por essas empresas e as características dos formatos das lojas de cada um desses canais.

Por fim, no terceiro tópico (1.3), relativo aos desafios enfrentados pela indústria de bens de consumo não duráveis, destacam-se:

I. as dificuldades na comunicação com os novos consumidores;
II. a mudança no formato e na competitividade dos canais de distribuição;
III. as turbulências econômicas enfrentadas pelo país – aspectos, portanto, que já tinham sido mencionados na introdução deste livro, mas que são agora recuperados visando-se ao seu aprofundamento.

1.1 MARKETING, VENDAS E TRADE MARKETING NA INDÚSTRIA DE BENS DE CONSUMO NÃO DURÁVEIS

Em primeiro lugar, antes de passar aos canais de distribuição e à indústria de bens de consumo não duráveis, é necessário situar, em linhas gerais, o que configura as áreas de marketing, de vendas e de trade marketing, destacando-se de cada uma as principais ações por elas empreendidas, a fim de que possam ser mais satisfatoriamente contempladas as mudanças com as quais todas elas vêm lidando nos últimos anos. Foi em decorrência dessas mudanças, a propósito, que teve origem o próprio departamento de trade marketing.

Em obra integralmente dedicada à administração de vendas, Las Casas (2017) afirma que as vendas desempenham papel de fundamental importância no mercado e, como não poderia deixar de ser, para o faturamento das empresas. Sua atuação, entretanto, não se desenvolve de maneira isolada, de modo que nenhum estudo que se dedique ao tema possa compreendê-las dissociadas das demais atividades mercadológicas e de seus relacionamentos, uma vez que o sucesso das vendas depende de uma estratégia de marketing cuja elaboração compreenda, satisfatoriamente, produtos, preços, sistemas de distribuição e outras atividades relativas à promoção.

Portanto, associado diretamente ao sucesso das vendas em decorrência das estratégias que promove, o marketing pode ser definido como

> [...] a área do conhecimento que engloba todas as atividades concernentes às relações de troca, orientadas para a satisfação dos desejos e necessidades dos consumidores, visando alcançar os objetivos da empresa e considerando sempre o ambiente de atuação e o impacto que essas relações causam no bem-estar da sociedade (LAS CASAS, 1987, p. 30).

No que se aplica diretamente às empresas da indústria de bens de consumo, Corstjens e Corstjens (1995 *apud* MOTTA; SANTOS; SERRALVO, 2017) elucidam que foram elas as líderes no desenvolvimento da prática de marketing, viabilizando o conceito de marca tal como o conhecemos hoje, assim como a própria comunicação baseada na imagem. Além disso, também se atribui a essas empresas o pioneirismo na utilização de pesquisas de mercado para que os desejos e as percepções dos consumidores fossem – e ainda sejam – conhecidos.

No que se refere a todas as atividades concernentes às relações de troca que o marketing abrange, o Quadro 10 explicita quais são elas, formando o chamado "composto de marketing" (ou "marketing mix"), o qual se subdivide nas ferramentas de marketing apresentadas em cada uma das colunas – variáveis também chamadas de "controláveis".

QUADRO 10 – COMPOSTO DE MARKETING ("MARKETING MIX")

I – PRODUTO	II – PREÇO	III – DISTRIBUIÇÃO	IV – PROMOÇÃO
Teste e desenvolvimento do produto	Política de preços	Canais de distribuição	Propaganda
Qualidade	Métodos para determinação	Transportes	Publicidade
Diferenciação	Descontos por quantidades especiais	Armazenagem	Promoção de vendas
Embalagem	Condições de pagamento	Centro de distribuição	Vendas
Marca nominal			Relações públicas
Marca registrada			Marca nominal
Serviços			Marca registrada
Assistência técnica			Embalagem
Garantia			Merchandising

Fonte: Las Casas (2017, p. 17).

Conforme se pode observar, as vendas estão posicionadas na última coluna do Quadro 10, categorizadas no campo da promoção, sendo que, para que possa ser estabelecido o nível de relacionamento e de importância entre o departamento de vendas e o de marketing, uma das primeiras questões sobre as quais se deve refletir diz respeito a entender qual é o papel da venda pessoal na estratégia de marketing (LAS CASAS, 2017).

Importantes para a economia, para a melhoria do padrão de vida, para o aperfeiçoamento do próprio produto, assim como para a manutenção da atividade empresarial e o desenvolvimento dos próprios profissionais, as vendas estão suscetíveis à influência de fatores internos e externos. Entre os principais fatores que as influenciam internamente, Las Casas (2017) elenca quatro:

I. o composto de marketing, dada a existência de vários elementos desse composto que afetam as atividades de um departamento de vendas;
II. os recursos da companhia, tendo em vista que o aumento da capacidade de produção pode implicar uma estratégia de marketing mais agressiva, assim como sua diminuição também pode impactar a redução da equipe de vendas;

III. a atitude da administração, sendo que a atenção dada ao departamento de vendas varia muito, conforme a compreensão de seus gerentes e diretores;
IV. a localização do departamento de vendas no organograma, o qual pode figurar tanto acima das principais funções mercadológicas quanto subordinado ao departamento de marketing.

Acerca dos fatores externos que influenciam a área de vendas, o autor menciona o acirramento da concorrência – que faz com que as empresas queiram disponibilizar ao mercado produtos e serviços cada vez melhores – e todas as variáveis incontroláveis que envolvem as controláveis (produto, preço, distribuição e promoção), a saber: ambiente político/legal/concorrência, ambiente social/cultural/demográfico, tecnologia e economia, entre outras (LAS CASAS, 2017).

Especificamente no que se refere à associação marketing-vendas na indústria de bens de consumo não duráveis, ocorreu de, durante a maior parte do século XX, os profissionais do meio acadêmico e empresarial se orientarem pelo paradigma de que as empresas desse segmento "deveriam possuir departamentos de marketing que seriam os responsáveis por desenvolver estratégias para alavancar vendas e rentabilidade" (MOTTA; SANTOS; SERRALVO, 2017, p. XVI) mediante o gerenciamento das quatro variáveis já mencionadas. Até os anos 1980, Randall (1994 *apud* MOTTA; SANTOS; SERRALVO, 2017) aponta que o gerente de produto era a função mais importante dentro delas. Quanto aos departamentos de vendas, a eles competiam as negociações efetuadas com os varejistas:

> [...] tinham como rotina de trabalho visitar os clientes varejistas da empresa, vender os produtos da indústria para estes, abastecer as prateleiras de cada ponto de venda para que os produtos estivessem bem expostos para impactar o consumidor e também prospectar novos clientes (MOTTA; SANTOS; SERRALVO, 2017, p. 44).

Nesse período, anterior à globalização e à consolidação das redes de supermercado, as empresas da indústria de bens de consumo não duráveis detinham poder o bastante para selecionar quais varejistas comercializariam ou não seus produtos e como o fariam. Todavia, diante das mudanças advindas a partir desse momento, verificou-se uma inversão de forças que desencadeou crises não previstas e de grandes proporções nessas empresas, agora chamadas a atender às exigências de varejistas que podiam não só excluir das suas prateleiras os bens produzidos por elas, como ainda os substituir por produtos da sua própria marca ou por aqueles de pequenas empresas, se assim o quisessem. Nesse cenário,

> [...] os profissionais de marketing foram colocados sob intensa pressão, mas todos os esforços feitos a partir dos conceitos tradicionais de marketing para enfrentar as mudanças [...] que ocorreram com os varejistas fracassaram. A equipe de vendas, que executava as estratégias desenhadas por marketing, também pouco podia oferecer para resolver esse dilema (MOTTA; SANTOS; SERRALVO, 2017, p. XVII).

Assim, surgindo nos anos 1980 nos mercados mais desenvolvidos e em 1990 no Brasil, em meio ao aumento da complexidade e à força dos varejistas, o trade marketing foi adotado como um novo paradigma por meio do qual seria possível superar a crise instaurada, no qual os planos de negócios das empresas desse segmento industrial contemplassem tanto os consumidores quanto os próprios varejistas (MOTTA; SANTOS; SERRALVO, 2008, 2017).

Por definição, portanto, o trade marketing (conceito genérico elaborado a partir das obras estudadas e das pesquisas realizadas pelos autores) "opera no sentido de adequar a estratégia, a estrutura e a operação da companhia à dinâmica dos canais de distribuição, com o objetivo de atender melhor e mais rentavelmente seus clientes e, por seu intermédio, os consumidores" (MOTTA; SANTOS; SERRALVO, 2017, p. 48). Tal como sucedeu com outras inovações, trata-se de uma área primeiramente desenvolvida e implementada na própria indústria de bens de consumo não duráveis, na qual os cuidados relativos à distribuição dos produtos também devem ser destacados. Isso porque o primeiro desafio desse departamento está em desenhar a estratégia dos canais de distribuição da indústria, isto é, a estratégia quanto ao caminho que o produto deve percorrer do produtor ao consumidor final, conforme será abordado mais adiante.

> O trade marketing "opera no sentido de adequar a estratégia, a estrutura e a operação da companhia à dinâmica dos canais de distribuição, com o objetivo de atender melhor e mais rentavelmente seus clientes e, por seu intermédio, os consumidores" (MOTTA; SANTOS; SERRALVO, 2017, p. 48).

De acordo com Motta, Santos e Serralvo (2008, 2017), essa estratégia deve estar preparada para customizar o composto de marketing (Quadro 10) às necessidades de cada canal de distribuição. As questões a que cada profissional responsável pelo trade marketing deve responder estão apresentadas no Quadro 11.

QUADRO 11 – COMPOSTO DE TRADE MARKETING (TRADE MARKETING MIX)

PRODUTO	PREÇO	PROMOÇÃO	PONTO DE VENDA
Embalagem primária e secundária adequada ao perfil dos consumidores atendidos pelo canal de distribuição.	Política de preços por canal de distribuição, que assegure a coerência entre os canais e os preços mais competitivos ao consumidor.	Ações táticas, merchandising; ações cooperadas.	Quais canais serão atendidos; papel dos canais; metas de distribuição por canal; quais grandes clientes serão atendidos; nível de serviço prestado por canal.

Fonte: Motta, Santos e Serralvo (2017, p. 48).

Como é possível observar a partir de um breve comparativo entre os Quadros 10 e 11, a começar pelo que diz respeito ao produto (primeira coluna de ambos), embora a embalagem seja um aspecto comum tanto ao marketing mix quanto ao trade marketing mix, ocorre que, no primeiro, ela se associa a um conjunto de atributos e características que compõem a própria criação do produto: além da embalagem, teste e desenvolvimento do produto, qualidade, diferenciação, marca nominal, marca registrada, serviços, assistência técnica e garantia.

Mais especificamente, as perguntas-chave que no marketing orientam para o desenvolvimento desse atributo são duas: "Qual será a embalagem do produto?"; e "Qual a quantidade mais adequada de unidades por embalagem, de forma a atender à necessidade dos consumidores?" (MOTTA; SANTOS; SERRALVO, 2017, p. 45), ao passo que, para o trade marketing, a adequação das embalagens primária e secundária ao perfil dos consumidores interessa no contexto dos canais por meio dos quais esses produtos serão distribuídos. Conforme Motta, Santos e Serralvo (2017, p. 57):

> [...] As embalagens primárias e secundárias passaram a ser desenvolvidas de forma a satisfazer às necessidades logísticas, de armazenagem e de exposição dos varejistas, e o desenvolvimento de produtos específicos para determinados canais de distribuição, como marcas próprias, passou a ser feito também. Esse P [produto] é aquele cujo desenvolvimento é mais centralizado no departamento de marketing, que ainda não leva em consideração, com a frequência necessária, as características dos canais de distribuição, o que pode acarretar erros. Esse cenário, todavia, está mudando e cada vez mais o trade marketing é envolvido no desenvolvimento e na melhoria dos produtos das indústrias.

Em relação à política de preços (segunda coluna nos dois quadros), verifica-se também uma diferença no foco e na atuação peculiar a cada um desses departamentos. No marketing mix, essa política é aplicada junto aos métodos para determinação, aos descontos por quantidades especiais e às condições de pagamento. Aí, portanto, interessa saber qual é o preço praticado pelos produtos concorrentes e substitutos, quanto os consumidores estão dispostos a pagar pelo produto, qual o impacto nas vendas que uma alteração desse preço (para cima ou para baixo) pode

CAPÍTULO 1: O marketing e a indústria de bens de consumo não duráveis

provocar e qual o incremento de vendas em promoções de preço (MOTTA; SANTOS; SERRALVO, 2008, 2017). Já para o trade marketing interessa saber qual é a política de preços que assegura a coerência entre os canais de distribuição e os preços mais competitivos ao consumidor, o que significa levar em consideração:

> [...] a estrutura de custos de cada canal, as condições comerciais negociadas com cada canal, os *mark ups* praticados, que também variam de acordo com cada canal de distribuição, quanto o consumidor está disposto a pagar pelo produto de acordo com a ocasião de compra e de consumo, a dinâmica das negociações que também varia de acordo com o canal, o alinhamento entre todos os preços praticados para evitar o *cross channel*[9] e as promoções de preços pontuais que podem ser realizadas (MOTTA; SANTOS; SERRALVO, 2017, p. 67).

No que diz respeito à variável promoção (quarta coluna do Quadro 10 e terceira coluna do Quadro 11), no marketing mix ela compreende: propaganda, publicidade, promoção de vendas, vendas, relações públicas, marca nominal, marca registrada, embalagem e merchandising. Consideram-se aí, entre outros fatores, quais são os veículos de comunicação mais adequados para a divulgação do produto e como balancear os esforços de comunicação entre esses diferentes veículos (MOTTA; SANTOS; SERRALVO, 2008, 2017).

Conforme Motta, Santos e Serralvo (2017, p. 77) explicam, até antes das transformações pelas quais o varejo passou, as indústrias tinham como característica a chamada "estratégia de puxar", isto é, uma estratégia na qual os incentivos aos consumidores (por meio das mídias televisiva e impressa, das degustações, entre outros exemplos) os levavam a pressionar os canais de distribuição de tal forma que estes acabavam por comercializar os produtos por eles solicitados – caso, portanto, do marketing mix.

---

9 De acordo com os autores, "situação em que um dos canais atendidos direto pela indústria revende os produtos dessa indústria para outros canais atendidos direto pela indústria" (MOTTA; SANTOS; SERRALVO, 2017, p. 63).

Com as mudanças ocorridas no segmento, porém, a prioridade passou a ser a chamada "estratégia de empurrar", cujo departamento responsável é o trade marketing. Assim, diferentemente do que abrange a promoção no marketing mix (Quadro 10), o investimento em promoções no trade marketing mix (Quadro 11) pode ser dividido em três grupos principais: as ações táticas nos pontos de venda; merchandising; e ações cooperadas, todas elas configurando essas "estratégias de empurrar". Nelas, "o fabricante não empurra os membros do canal para promover seu produto, mas, ao contrário, busca sua participação e cooperação para fornecer estratégias de comunicação eficazes, que serão mutuamente benéficas a ele e aos membros do canal" (ROSENBLOOM, 2002 *apud* MOTTA; SANTOS; SERRALVO, 2017, p. 77).

Por fim, no que diz respeito à última variável – ponto de venda (terceira coluna do Quadro 10, intitulada "Distribuição", e quarta coluna do Quadro 11, intitulada "Ponto de Venda") –, as questões pelas quais o marketing se orienta são três (MOTTA; SANTOS; SERRALVO, 2017, p. 45):

I. "O produto deverá ser lançado antes, em um mercado-teste?"
II. "Quais são as regiões e os canais onde o produto será comercializado?"
III. "Qual é a intensidade da distribuição em cada região e canal de distribuição?"

Nesse conjunto, portanto, estão elencados os canais de distribuição, transportes, armazenagem e centro de distribuição. Já na área do trade marketing, a definição da estratégia do ponto de venda implica, antes, a definição dos canais que serão atendidos pela indústria, do papel de cada canal para os negócios da indústria, das metas de distribuição desejadas pela indústria, assim como do nível de serviço que se pretende oferecer a cada canal de distribuição.

Em suma, as estratégias de trade marketing devem estar preparadas para customizar o composto de marketing às necessidades de cada canal de distribuição (MOTTA; SANTOS; SERRALVO, 2008, 2017), conforme é possível observar por meio do comparativo proposto no Quadro 12, que retoma e finaliza o paralelo apresentado até aqui.

QUADRO 12 – COMPARATIVO ENTRE AS PERGUNTAS-CHAVE DO MARKETING MIX E AS DO TRADE MARKETING MIX

4 Ps	PERGUNTAS-CHAVE DO MARKETING MIX	PERGUNTAS-CHAVE DO TRADE MARKETING MIX
Produto (Embalagem)	Qual será a embalagem do produto? Qual é a quantidade mais adequada de unidades por embalagem, de forma a atender à necessidade dos consumidores?	Como as embalagens primária e secundária devem ser adequadas ao perfil dos consumidores atendidos pelo canal de distribuição?
Preço (Política de preços)	Qual é o preço praticado pelos produtos concorrentes e substitutos? Quanto os consumidores estão dispostos a pagar pelo produto? Qual é o impacto nas vendas que uma alteração para cima ou para baixo do preço do meu produto ou do produto do concorrente pode ocasionar? Qual é o incremento de vendas em promoções de preço?	Qual é a política de preços que assegura a coerência entre os canais de distribuição e os preços mais competitivos ao consumidor? Isso implica considerar: • qual é a estrutura de custos de cada canal? • quais são as condições comerciais negociadas com cada canal? • quais são os *markups* praticados, que também variam de acordo com cada canal de distribuição? • quanto o consumidor está disposto a pagar pelo produto, de acordo com a ocasião de compra e de consumo? • qual é a dinâmica das negociações, que também varia de acordo com o canal? • qual o alinhamento entre todos os preços praticados para evitar o *cross channel*? • quais promoções de preços pontuais podem ser realizadas?

(continua)

(continuação)

Promoção **(Promoção de vendas)**	Quais são os veículos de comunicação mais adequados para a divulgação do produto? Como balancear os esforços de comunicação entre esses diferentes veículos?	Como buscar a participação e a cooperação do canal de distribuição para fornecer estratégias de comunicação eficazes, que serão mutuamente benéficas a ele e aos membros do canal? Isso implica considerar: • as ações táticas nos pontos de venda; • merchandising; • ações cooperadas.
Ponto de venda **(Canais de distribuição)**	O produto deverá ser lançado antes, em um mercado-teste? Quais são as regiões e os canais onde o produto será comercializado? Qual é a intensidade da distribuição em cada região e canal de distribuição?	Quais canais serão atendidos pela indústria? Qual é o papel de cada canal para os negócios da indústria? Quais são as metas de distribuição desejadas pela indústria? Qual é o nível de serviço que se pretende oferecer a cada canal de distribuição?

Fonte: Adaptado de Motta, Santos e Serralvo (2008, 2017).

Ainda de acordo com os pesquisadores, "as estratégias de trade marketing são desenvolvidas e formalizadas mediante a elaboração e a aprovação de um plano anual de negócios por canal de distribuição" (MOTTA; SANTOS; SERRALVO, 2017, p. 49), o qual aborda cada um dos itens elencados no Quadro 12.

Tal como será possível verificar ao longo deste e dos próximos capítulos, não obstante serem convergentes, o entendimento acerca do que distingue cada um desses departamentos é importante, uma vez que se tenha em vista a própria configuração comercial das quinze empresas cujos programas de GQT em vendas são analisados nesta obra.

Em síntese, ocorre que essas empresas entreviram no departamento de trade marketing o desenvolvimento e o gerenciamento do programa de GQT em vendas, isto é, o conjunto que envolve a concepção estratégica, a gestão de planilhas e de sistemas, os acompanhamentos e propostas de melhorias, entre outros, assim como outras atividades de fomento às vendas. Desse modo, à equipe de vendas compete a ação da venda propriamente dita.

1.2 OS CANAIS DE DISTRIBUIÇÃO E A INDÚSTRIA DE BENS DE CONSUMO NÃO DURÁVEIS

Segundo Las Casas (2017), em geral, cabe ao administrador de marketing a responsabilidade de decidir acerca da distribuição dos produtos, conquanto o gerente de vendas também esteja, de alguma forma, envolvido nessa decisão. De acordo com o autor, na essência, é o departamento de vendas que distribui os produtos, estabelecendo um elo entre o produtor e o consumidor/usuário, seja por meio da venda direta, seja por meio de representantes comerciais, tal como exigem determinados mercados. O fato é que as vendas devem ser adaptadas a cada situação, tendo em vista que, uma vez que cada membro do canal de distribuição detém expectativas diferentes, é preciso conhecer as funções e os tipos de intermediário que fazem parte desse sistema de distribuição.

Sem romper com as funções atribuídas por Las Casas (2017) às áreas de marketing e de vendas no que diz respeito à decisão acerca da distribuição dos produtos, mas avançando na tratativa dada pelas próprias empresas da indústria de bens de consumo não duráveis ante a deflagração da crise que será mais bem apresentada no próximo tópico, Motta, Santos e Serralvo (2008, 2017) acrescentam o trade marketing à administração da distribuição dos produtos – um terceiro departamento cuja existência reitera a necessidade de que as vendas sejam, efetivamente, adaptadas a cada situação.

Definido por Morici (2013, p. 49) como "um grupo de clientes intermediários entre a empresa e seus clientes finais que possuem características comuns que permitam a aplicação das mesmas estratégias e políticas comerciais", o canal de distribuição é, portanto, um dos elementos da distribuição, como pode ser observado no Quadro 13.

QUADRO 13 – CANAIS DE DISTRIBUIÇÃO
(PRODUTOS DE CONSUMO E INDUSTRIAIS)

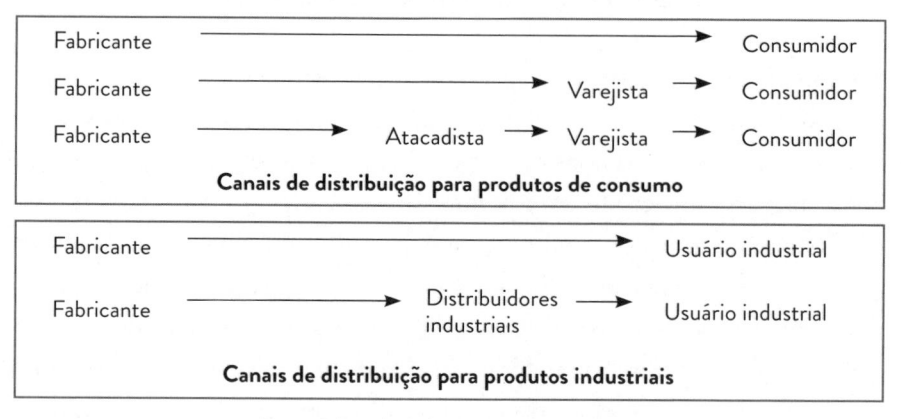

Fabricante	→			Consumidor
Fabricante	→		Varejista →	Consumidor
Fabricante	→	Atacadista →	Varejista →	Consumidor

Canais de distribuição para produtos de consumo

Fabricante	→		Usuário industrial
Fabricante	→	Distribuidores industriais →	Usuário industrial

Canais de distribuição para produtos industriais

Fonte: Adaptado de Las Casas (2017, p. 250).

Por "distribuição", é preciso que se presumam "não somente os vários caminhos que o produto segue do produtor ao consumidor, como também decisões de transporte, armazenagem, localização de depósitos, filiais, estoques, processamento de pedidos etc.", isto é, todas as atividades associadas à transferência física do produto, de modo que se trata de um gerenciamento complexo (LAS CASAS, 2017, p. 249).

No que tange à aquisição dos produtos, existem diferentes maneiras de se fazer: as empresas podem vender diretamente para o consumidor por meio da internet, os vendedores das empresas podem efetuar essas vendas – como é o caso da Avon e da Natura – ou elas podem vender seus produtos por meio dos canais de distribuição existentes (ALVAREZ, 2008; MOTTA; SANTOS; SERRALVO, 2008, 2017).

A principal forma de atender os consumidores que adquirem bens de consumo não duráveis para consumo futuro – isto é, que não serão imediatamente consumidos – é por meio dos diferentes canais que compõem o varejo alimentar, que contempla diversos tipos de formato, como mercearias, padarias, hortifrútis, lojas de conveniência, minimercados, supermercados, hipermercados e atacarejos (MOTTA; SANTOS; SERRALVO, 2008, 2017; PARENTE; BARKI, 2014). No caso da aquisição de produtos para consumo imediato, os canais que melhor atendem os consumidores são os bares e restaurantes. Aqui, no entanto, deve-se acrescentar que as empresas que atendem a esses formatos principais também podem comercializar seus produtos por meio de outros canais, como bancas de jornal, farmácias, lojas de ração, e assim por diante (MOTTA; SILVA, 2006).

Dado que este livro trata de empresas da indústria de bens de consumo não duráveis que atendem os consumidores por meio dos principais canais de distribuição de produtos tanto para consumo futuro quanto para consumo imediato, é necessário, para além da maneira como se esquematiza esse canal de distribuição e do departamento que o administra, compreender também como as empresas comercializam seus produtos para os clientes intermediários, que compõem os canais de distribuição.

Cada empresa dispõe de uma equipe de vendas composta por diretores, gerentes e vendedores ou representantes comerciais autônomos que atendem os clientes (MOTTA; SANTOS; SERRALVO, 2008, 2017). Dependendo do porte dessa empresa, essa equipe pode estar organizada por área geográfica, por canal de distribuição, por cliente (no caso daquelas empresas que têm maior faturamento) ou por uma combinação de modelos (KUMAR, 2004).

Enquanto os vendedores têm uma carteira de clientes que atendem regularmente, os gerentes são responsáveis pela gestão de uma equipe de vendedores e são subordinados a um diretor. Além da equipe de vendas, a área comercial de uma empresa do setor de bens de consumo não duráveis conta com promotores de vendas e merchandising, que abastecem as gôndolas das lojas dos clientes atendidos diretamente pela empresa com os seus produtos. Esses promotores podem ser contratados diretamente por ela ou por meio de uma agência de trabalho terceirizado, passando a responder ao gerente de vendas responsável pela área na qual estão situadas as lojas que abastecem, ou a uma gerência dedicada a merchandising, ou a uma gerência de trade marketing.

Esses clientes atendidos diretamente pela empresa são os que formam o canal direto. A carteira direta de clientes engloba, assim, todos os canais de distribuição e os clientes que fazem parte desses canais que são atendidos pela equipe própria da empresa (MOTTA; SANTOS; SERRALVO, 2008, 2017). Cada empresa tem seus critérios para definir quais clientes atenderá diretamente, mas, via de regra, as redes supermercadistas são atendidas diretamente por serem as que apresentam as maiores vendas. Quando um cliente tem interesse em comercializar o produto, mas – devido ao seu pequeno porte ou à sua localização geográfica – não é viável atendê-lo com a equipe própria de vendedores, ele pode ser atendido pela equipe de vendedores de distribuidores ou atacadistas que comercializam os produtos da empresa, ou pode adquirir os produtos nas lojas dos atacarejos. Distribuidores, atacadistas e atacarejos são clientes de uma empresa que abastecem os clientes finais dessa empresa de forma indireta.

Quanto à maneira como se definem conceitualmente, a começar pelos primeiros mencionados, os distribuidores, de acordo com Alvarez (2008), mantêm um vínculo próximo com as empresas desse tipo de indústria, trabalham com exclusividade nas linhas de produto com um determinado fornecedor e atendem a uma área geográfica por ele definida, seguindo as políticas preestabelecidas pela indústria para a comercialização dos produtos, oferecendo também os serviços de promotores de vendas e merchandising para auxiliar a exposição dos produtos.

Os atacadistas, por sua vez, têm uma lógica diferente: em cada categoria de produto, oferecem os itens com maior giro; muitas vezes, portanto, oferecem produtos de vários fornecedores, sempre privilegiando em seu portfólio aquele fornecedor que tem o maior giro de acordo com seu histórico e pesquisas de mercado. Segundo Rosenbloom (2002, p. 49), essas são

> empresas engajadas na venda para a revenda ou uso industrial. Seus clientes são empresas varejistas [...]. Atacadistas tradicionais são empresas que basicamente se dedicam a comprar, assumir a propriedade, armazenar e manusear produtos em quantidade relativamente grande, para em seguida revender esses produtos em quantidades menores para varejistas.

Já os atacarejos são atacados de autosserviço, com lojas em que os varejistas originalmente iam para adquirir os produtos de que necessitavam para seus estabelecimentos (MOTTA; SILVA, 2006; PARENTE; BARKI, 2014). Com o tempo, para aumentar as vendas, passaram a atender também consumidores em suas lojas, em uma mistura de atacado e varejo, advindo daí sua denominação, no jargão popular, de "atacarejo" (MOTTA; SANTOS; SERRALVO, 2008, 2017; PARENTE; BARKI, 2014).

O Quadro 14 apresenta de forma resumida essa lógica de canais da indústria de bens de consumo não duráveis, destacando-se, mais uma vez, que isso varia de acordo com a indústria. O quadro é uma generalização para se entender sua lógica (por exemplo, as empresas de bebidas muitas vezes atendem os bares e restaurantes de forma direta).

QUADRO 14 – CANAIS DE DISTRIBUIÇÃO DA INDÚSTRIA DE BENS DE CONSUMO NÃO DURÁVEIS

Canal de distribuição	Modo de atender o canal	Tipo de consumo
Redes de supermercados	Direto	Futuro
Supermercados independentes	Indireto	Futuro
Minimercados	Indireto	Futuro
Padarias	Indireto	Futuro/imediato
Hortifrútis	Indireto	Futuro
Lojas de conveniência	Indireto	Futuro/imediato
Bares	Indireto	Imediato
Restaurantes	Indireto	Imediato
Outros varejistas	Indireto	Futuro/imediato
Distribuidores	Direto	Não se aplica
Atacadistas	Direto	Não se aplica
Atacarejos	Direto	Futuro/parte não se aplica

Fonte: Desenvolvido pelos autores (2019).

No caso das redes supermercadistas, estas podem dispor de lojas com as características de hipermercados, supermercados, minimercados e até atacarejos (PARENTE; BARKI, 2014).

Uma vez entendidos quais são os canais de distribuição, como eles são atendidos e que tipo de consumo oferecem para os consumidores das empresas da indústria de bens de consumo não duráveis, o Quadro 15 detalha as características dos formatos das lojas de cada um desses canais, a partir de definições obtidas na literatura (BRITO, 1998 *apud* PARENTE, 2000; MOTTA; SANTOS; SERRALVO, 2008, 2017). Observe que alguns canais de distribuição têm a mesma denominação do formato de loja. Nesses casos, os canais de distribuição são conjuntos de lojas com formatos semelhantes.

QUADRO 15 – CARACTERÍSTICAS DO FORMATO DAS LOJAS

Formato	Tipo de consumo	Modelo de atendimento	Área de vendas (m²)	Número de itens	Seções principais
Atacarejos	Futuro	Direto	Maior que 5.000	10.000	Alimentos, bebidas, itens de bazar, higiene e limpeza
Hipermercados	Futuro	Direto	Maior que 5.000	50.000	Alimentos, bebidas, itens de bazar, higiene e limpeza
Supermercados	Futuro	Direto/indireto	1.000 a 4.999	10.000	Alimentos, bebidas, itens de bazar, higiene e limpeza
Padarias	Futuro/imediato	Indireto	50-999	1.000	Alimentos e bebidas
Minimercados	Futuro	Indireto	50-999	1.000	Alimentos, bebidas, itens de bazar, higiene e limpeza
Hortifrútis	Futuro	Indireto	50-5.000	1.000	Alimentos e bebidas
Lojas de conveniência	Futuro/imediato	Indireto	50-250	1.000	Alimentos e bebidas
Bares	Imediato	Indireto	20-500	300	Alimentos e bebidas
Restaurantes	Imediato	Indireto	20-1.000	300	Alimentos e bebidas

Fonte: Desenvolvido pelos autores (2019).

O departamento de vendas, que atende a esses canais de distribuição e às lojas que os compõem, é formado por uma equipe de vendas e uma de merchandising. Para auxiliar essas estruturas a atingirem seus objetivos, há equipes internas de administração de vendas e de trade marketing (ALVAREZ, 2008; MORICI, 2013; MOTTA; SANTOS; SERRALVO, 2008, 2017; MOTTA; TURRA; MOTTA, 2017) responsáveis pela elaboração de estratégias e planos de ação de trade marketing, bem como pelos processos internos associados às atividades de vendas, como o processo de recebimento e tratamento dos pedidos recebidos dos clientes, o controle orçamentário, e assim por diante. Essas estruturas variam muito em formato e dimensão, de acordo com o tamanho e a complexidade da empresa, mas estão sempre presentes para assegurar o correto andamento dos trabalhos de vendas – portanto, estão igualmente presentes na atividade de vendas empreendida pelas quinze empresas cuja implementação do programa de GQT em vendas é aqui analisada.

Já discriminados os canais de distribuição e os formatos de lojas que comercializam os bens de consumo não duráveis, assim como a maneira pela qual as empresas desse setor atendem a esses canais de distribuição, a seguir são apresentados os desafios que elas têm enfrentado em anos mais recentes no que diz respeito às vendas, especialmente na última década – o que acabou por motivá-las a procurar novas maneiras de desenvolver o trabalho da área de vendas de uma forma mais eficaz e eficiente.

1.3 OS DESAFIOS DA INDÚSTRIA DE BENS DE CONSUMO NÃO DURÁVEIS NO QUE SE REFERE ÀS VENDAS

No que diz respeito à indústria brasileira de bens de consumo não duráveis, desafios recentes de ordem econômica, comuns a todos os setores econômicos no país (BACHA, 2017; BOLLE, 2016; SALTO; ALMEIDA, 2016), somaram-se à necessidade que já se impunha de fazê-la se comunicar de novas maneiras para que seu produto seja desejado pelos consumidores, levando em consideração os novos perfis dos consumidores e as mídias que com eles se conectam (CALLIARI; MOTTA, 2012; GODOI; LAS CASAS; MOTTA, 2015; MOTTA, 2016; PULIZZI, 2014). Além disso, ocorreram mudanças significativas com os varejistas que comercializam esses produtos, como a globalização e a consolidação das redes supermercadistas, bem como o surgimento de marcas próprias (MOTTA; SILVA, 2006; PARENTE; BARKI, 2014).

O Quadro 16 reúne os desafios que, a seguir, passarão a ser considerados individualmente, mediante uma cronologia aproximada que se afunila em direção aos acontecimentos mais recentes, não obstante a simultaneidade de alguns eventos e a relação que se pode estabelecer, por exemplo, entre os dois primeiros.

QUADRO 16 – ATUAIS DESAFIOS ENFRENTADOS PELAS EMPRESAS DA INDÚSTRIA DE BENS DE CONSUMO NÃO DURÁVEIS

DESAFIOS (Na ordem em que são mencionados)	DESDOBRAMENTOS (Síntese)
1. Consumidores cada vez mais exigentes	Expectativa de atendimento rápido por parte dos clientes. Desenvolvimento de novas competências para se comunicarem com os novos consumidores. Necessidade de novos investimentos por parte das empresas, inclusive em relação às mídias sociais.
2. Alta competitividade	Mais concorrentes globais e locais. Aumento da complexidade dos canais de distribuição. Surgimento de novos formatos varejistas. Expansão das marcas próprias. Varejo *on-line*. *Omni-channel*.
3. Crise econômica e política	Recessão: aumento do desemprego, diminuição nos investimentos e refração no consumo. Instabilidade política: protestos populares, reeleição, *impeachment* e suas respectivas consequências. Pandemia de covid-19: diversos desdobramentos decorrentes.

Fonte: Desenvolvido pelos autores (2019).

Nas últimas duas décadas, os consumidores das novas gerações – sejam aqueles nascidos nas décadas de 1980 ou 1990, conhecidos como *millennials* ou "geração Y", sejam os nascidos no início do século XXI, conhecidos como "geração Z" – passaram a receber especial atenção das empresas, interessadas em expandir suas bases de consumidores (MOTTA, 2016). Contudo, analisando-se esses novos consumidores, percebe-se que, conforme apontado por Calliari e Motta (2012), eles não se satisfazem com as formas convencionais de divulgação dos produtos, configurando-se aí um primeiro desafio à indústria de bens de consumo não duráveis: "O consumidor está tornando-se cada vez mais exigente. Com a tendência ao maior consumo, ele passa a exigir mais de seus fornecedores. Além disso, existe maior conscientização do seu próprio papel de consumidor […]" (LAS CASAS, 2017, p. 31).

Embora tanto a evolução da globalização quanto a da sociedade da informação – mediante o desenvolvimento das chamadas tecnologias da informação e da comunicação (TIC) – já estivessem "provocando mudanças substanciais na organização e no funcionamento das organizações em todas as suas formas" (COBRA; BREZZO, 2010, p. 47), assim como no comportamento dos próprios consumidores, essa maior conscientização do consumidor cerca do próprio papel veio se expandindo desde o final do século passado até se estabelecer em definitivo ainda na primeira década dos anos 2000, se consolidando desde então. Trata-se do período identificado por Kotter (2010, p. 22) como "a era do Marketing 3.0", a qual, conforme o próprio autor:

> […] é aquela em que as práticas de marketing são muito influenciadas pelas mudanças no comportamento e nas atitudes do consumidor. É a forma mais sofisticada da era centrada no consumidor, em que o consumidor demanda abordagens de marketing colaborativas, culturais e espirituais.

Ainda no que se refere a essa mudança dos consumidores, já em 2010, Cobra e Brezzo assinalavam as características listadas no Quadro 17.

QUADRO 17 – MUDANÇAS VERIFICADAS NO COMPORTAMENTO DOS CONSUMIDORES

Os consumidores:
1. estavam centrados em si mesmos e desejavam atendimento personalizado;
2. tinham também preocupação com a ecologia e com a sociedade;
3. exigiam maior rapidez e menos demora no atendimento dos seus pedidos;
4. priorizavam a satisfação imediata diante da sua prorrogação;
5. estavam menos expostos à publicidade massiva;
6. estavam bem informados;
7. participavam da construção dos produtos;
8. eram proativos;
9. realizavam cada vez mais compras a distância;
10. integravam redes;
11. comerciavam entre si crescentemente;
12. eram mais globalizados, menos nacionalistas e mais localistas;
13. viviam mais; e
14. se preocupavam com o corpo.

Fonte: Adaptado de Cobra e Brezzo (2010, p. 50-52).

Nesse cenário, diante da imposição de atender consumidores que já não se limitam às barreiras geográficas (o que demanda das empresas a capacidade de fornecer e assimilar novas culturas) e cuja expectativa de atendimento envolve agilidade (o que demanda alinhamento com o avanço da tecnologia e da informática), surge a necessidade de se vender a atividade de vendas, isto é, de se promover essa atividade, conforme registrado por Las Casas (2017). E, para tanto, novas ferramentas, como as mídias sociais, são mais atraentes, envolventes, e podem proporcionar um resultado de maior impacto.

De acordo com Godoi, Las Casas e Motta (2015), hoje, para se construir um relacionamento com o consumidor, os resultados obtidos pelo Facebook, por exemplo, podem ser melhores do que aqueles obtidos por meio das mídias convencionais, como a televisão, o rádio e a propaganda de rua. Pulizzi (2014) ainda defende que não basta identificar essas novas ferramentas: é necessário construir competências para se comunicar com os novos consumidores por meio delas, como o *storytelling*. Esse conjunto de competências de estratégia e marketing está sendo formado pelas empresas; todavia, até por se tratar de uma novidade, é natural que lhes falte a máxima experiência e o pleno domínio necessários para tanto (CALLIARI; MOTTA, 2012; MOTTA, 2016) – o que aos poucos vai sendo desenvolvido e aprimorado ao longo desse processo.

O segundo desafio enfrentado pelas empresas é o de ordem competitiva. Isso porque o aumento da competitividade em segmentos empresariais – tema extensamente abordado por autores como Porter (1985) – continua a se acirrar também nas duas últimas décadas na indústria de bens de consumo (MOTTA; SANTOS; SERRALVO, 2008, 2017; MOTTA; SILVA, 2006; MOTTA; TURRA; MOTTA, 2017) e não indica que será reduzido nos próximos anos. Assim, as empresas da indústria de bens de consumo não duráveis enfrentam não só mais concorrentes globais com capacidade de investimento e economia de escala que lhes permitem oferecer produtos de qualidade a preços acessíveis, como também concorrentes locais que conhecem o gosto e a preferência do consumidor brasileiro e, às vezes, do consumidor de um determinado estado ou região (MORICI, 2013). A isso, soma-se o aumento da complexidade dos canais de distribuição, impulsionado pela globalização das grandes redes varejistas que consolidaram rapidamente o setor (MOTTA; SANTOS; SERRALVO, 2008, 2017; MOTTA; SILVA, 2006; PARENTE; BARKI, 2014) – o que, no Brasil, propiciou, inclusive, maior poder de barganha aos clientes, que passaram a exigir melhores condições comerciais das empresas fornecedoras.

Não bastasse a dificuldade de manter o negócio com a rentabilidade que tinham no passado pelas razões já expostas e que culminam no aumento da competitividade, outras mudanças nas características dos canais – elencadas no Quadro 18 – se somam a elas, também prejudicando a posição das empresas, que encontram dificuldades para manter suas posições de mercado e continuar a crescer (MOTTA; SILVA, 2006; PARENTE; BARKI, 2014).

QUADRO 18 – CINCO MUDANÇAS NAS CARACTERÍSTICAS DOS CANAIS QUE INTERFERIRAM NA POSIÇÃO DAS EMPRESAS

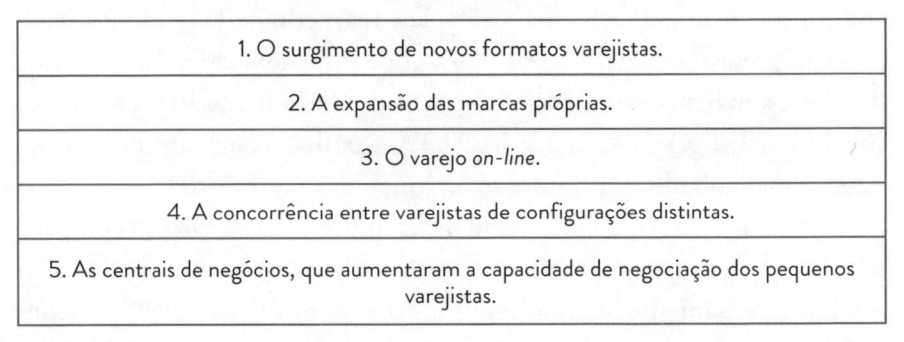

1. O surgimento de novos formatos varejistas.
2. A expansão das marcas próprias.
3. O varejo *on-line*.
4. A concorrência entre varejistas de configurações distintas.
5. As centrais de negócios, que aumentaram a capacidade de negociação dos pequenos varejistas.

Fonte: Desenvolvido pelos autores (2019).

Além disso, de acordo com Binnie (2018), mesmo os canais de distribuição passaram não apenas a ser atendidos pelos vendedores das empresas, como também a emitir pedidos para as empresas de forma *on-line*. Essa dinâmica é resumida na Figura 1.

FIGURA 1 – DINÂMICA ENVOLVENDO OS CANAIS DE DISTRIBUIÇÃO

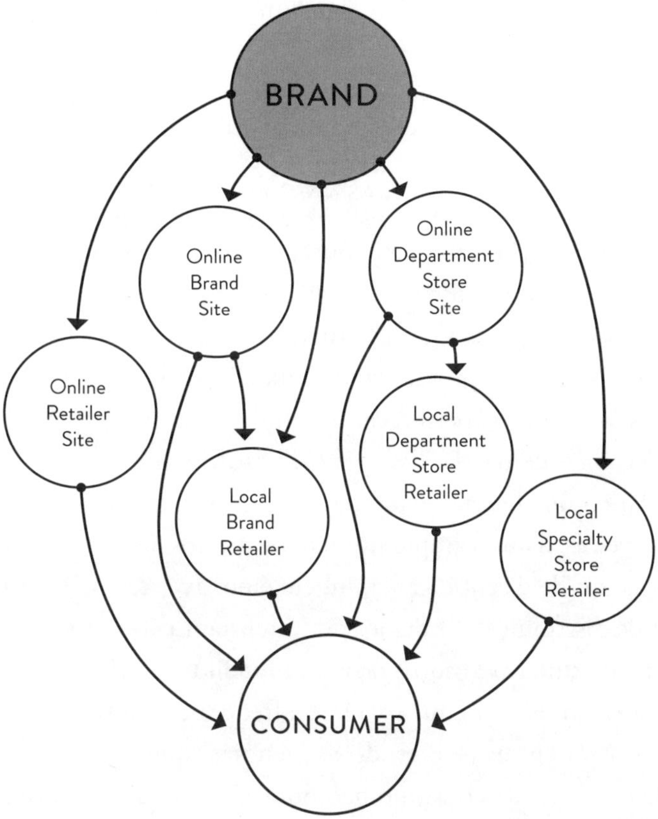

Fonte: Binnie (2018, p. XV).

Esse modelo combinado de vendas tradicionais com vendas *on-line*, a indústria passou a chamar de *omni-channel*. Trata-se de uma expressão em inglês que pode ser traduzida como "todos os canais", ou seja, a indústria atua de forma a atender os consumidores finais por intermédio tanto dos canais físicos tradicionais (que, no caso dos bens de consumo não duráveis, são os varejos alimentares) quanto das vendas *on-line* (que podem ser efetuadas pelos mesmos varejistas ou por varejistas dedicados a esse tipo de comércio).

Como já foi assinalado, o *omni-channel* pode se tornar ainda mais complexo, pois as empresas também atendem aos seus canais de distribuição por meio de vendedores ou pela internet, assim como também atendem os varejistas que fazem parte de cada um desses canais. Algumas estratégias para as empresas que têm interesse ou necessidade de atuar com o *omni-channel* são: oferecer preços atrativos e curadoria de produtos; utilizar bancos de dados para oferecer o produto ao varejista ou ao consumidor certo; evitar guerras de preços; vender produtos de nicho; apresentar detalhes sobre os produtos; e elaborar programas de lealdade (BRYNJOLFSSON; HU; RAHMAN, 2013).

Dadas as características dos bens de consumo não duráveis (como a perecibilidade do produto e a própria compra por impulso), é possível indicar que, especificamente nesse segmento da economia, ainda que seja necessário aos seus participantes atuarem dentro do conceito de *omni--channel*, se quiserem capturar essa receita (BINNIE, 2018), os varejistas tradicionais (como os supermercados) ainda terão um papel relevante na próxima década e além dela. Essa previsão ratifica, portanto, a necessidade de se estudar como efetuar vendas para esses varejistas com a máxima qualidade possível. E, dado o amplo número de pontos de venda existentes nos diferentes canais de distribuição, também é possível acrescentar que, ainda que canais de distribuição formados por varejistas maiores e mais complexos (como redes de supermercados) possam prescindir da visita de vendedores tradicionais (ao menos no que se refere à frequência anterior), ainda assim haverá muitos varejistas (sobretudo os menores) que necessitarão da visita e da venda dos bens de consumo não duráveis por parte dos vendedores.

Dessa forma, as características do tipo de produto e da geografia nacional ratificam a relevância de se estudar como expandir o conceito da GQT para as vendas de bens de consumo não duráveis, sem, todavia, desprezar o impacto cada vez maior do *omni-channel* nos negócios desse segmento.

Voltados a esse contexto, encontram-se autores que delinearam resoluções que foram aplicadas nas estruturas das empresas, buscando-se, assim, sua maior eficiência e uma competição que lhes rendesse maior sucesso em meio a esse cenário mais complexo e atravessado por novas dificuldades. Entre essas resoluções está a constituição de departamentos de trade marketing (ALMEIDA *et al.*, 2012; ALVAREZ, 2008; MOTTA; SANTOS; SERRALVO, 2008, 2017; PITASSI, 2011), além de equipes dedicadas e de caráter multifuncional para atender de forma mais eficiente os grandes varejistas (KUMAR, 2004) e equipes internas de administração de vendas para melhorar o nível do serviço oferecido (MORICI, 2013; MOTTA; SANTOS; SERRALVO, 2008, 2017). Outra medida – até o momento menos estudada que as anteriormente registradas, e que foi adotada – é o desenvolvimento e a implementação de programas de GQT dedicados às equipes de vendas das empresas para melhorar o atendimento e o serviço em conjunto com o resultado das empresas (MOTTA; CORÁ, 2017).

Por fim, como se já não fossem muitas as questões pelas quais a indústria de bens de consumo não duráveis se vê atravessada, seu terceiro e último desafio é aquele que se volta às turbulências de ordem econômica e política que afetam o mercado em geral.

No plano econômico, especificamente, os países mais desenvolvidos e aqueles em desenvolvimento vêm enfrentando adversidades desde o início do século XXI. Crises em outros países, como a crise americana na primeira década do século, causaram impactos não só no país de origem, como também em uma escala global (SALTO; ALMEIDA, 2016), atingindo tanto os mercados mais maduros, como países da Europa (França, Alemanha), quanto os mercados emergentes, a exemplo do Brasil. Porém, fato é que, nos anos mais recentes, no Brasil, problemas econômicos combinados com instabilidade política (BACHA, 2017; BOLLE, 2016) têm levado o país a enfrentar anos de recessão, com aumento do desemprego, menos investimentos e retração do consumo.

Ademais, não bastasse a gravidade de que já se revestiam, esses são problemas que se intensificariam sobremaneira com o advento da inesperada pandemia que, alcançando todo o território nacional desde março de 2020, nele se estabeleceria engendrando uma série de novas dificuldades ao setor (AGÊNCIA ESTADO, 2022; ESTADÃO CONTEÚDO, 2022; MOREIRA; GAIER, 2022).

Para que se possa delimitar um período cujos efeitos ainda podem ser sentidos no cenário atual, verifica-se que a economia brasileira se encontra formalmente em recessão desde o segundo trimestre de 2014, consoante o Comitê de Datação do Ciclo Econômico (Codace) da Fundação Getulio Vargas (BARBOSA FILHO, 2017). Entre as causas para tanto, atribui-se a maior parte do problema aos juros baixados forçosamente pelo governo, ao incentivo ao consumo e ao benefício de setores e companhias.

No Quadro 19 estão elencados os fatores econômicos determinantes da crise 2014-2017 no Brasil segundo Barbosa Filho (2017), seguidos de uma síntese adaptada das explicações registradas pelo próprio autor.

QUADRO 19 – FATORES DETERMINANTES DA CRISE 2014-2017

Nova matriz	A partir de 2011/2012, o Brasil incorporou a nova matriz econômica (NME), adotando políticas de forte intervenção governamental na economia que combinaram política monetária com a redução da taxa de juros e política fiscal com dirigismo no investimento, elevação de gastos, concessões de subsídios e intervenção em preços.
Política monetária	Uma das políticas da NME foi, em momento de aceleração da taxa de inflação, a redução da taxa de juros básica da economia, em 2012. A mudança na política monetária fez com que a taxa de inflação acelerasse (e permanecesse em nível elevado) e reduziu a credibilidade do Banco Central (BC), elevando o custo de combate à inflação. Um instrumento importante na implementação dos estímulos governamentais foi a expansão do balanço do Banco Nacional de Desenvolvimento Econômico e Social (BNDES). A política visava à constituição/criação de campeões nacionais e à escolha de setores "estratégicos" que receberam fortes subsídios, como a indústria automotiva, e subsídios e proteção (na forma de conteúdo nacional e sobre preço), caso da indústria naval, para citar apenas dois exemplos. Outro instrumento importante nessa política de desenvolvimento de setores "estratégicos" foi a Petrobras.
Controle de preços	Simultaneamente à elevação na demanda de investimento por parte da Petrobras, houve controle do preço de seus derivados. O controle de preços de combustíveis afetou a Petrobras, que vendia gasolina no mercado doméstico a um preço inferior ao que comprava no mercado internacional. Além disso, a intervenção do setor energético não correu somente na Petrobras, mas também no setor elétrico de forma geral. E, para amplificar o problema, o governo deixou descontratadas as empresas geradoras de energia de São Paulo, Minas Gerais e Paraná, o que, ao longo da própria crise, não só obrigou a compra de energia no mercado, mas fez com que essa compra fosse realizada à vista, elevando o custo para as empresas distribuidoras.

Fonte: Adaptado de Barbosa Filho (2017).

Já no campo da instabilidade política, a crise dos últimos anos compreende, sumariamente, desde as manifestações contrárias ao governo Dilma Rousseff, em 2013 (presidente então reeleita no ano de 2014), até seu processo de *impeachment*, em 2016, abrangendo ainda outros eventos de grande impacto no país, tanto nesse período quanto depois.

Outros eventos que podem ser destacados, num primeiro momento, são: as investigações da operação realizada pela Polícia Federal que ficou conhecida como "Lava Jato"; os escândalos decorrentes dessas investigações; a assunção ao poder do então vice-presidente Michel Temer; a prisão do ex-presidente Luiz Inácio Lula da Silva, em 2018; e as eleições presidenciais bastante acirradas nesse mesmo ano, por meio das quais foi eleito Jair Messias Bolsonaro. Já num segundo momento, não obstante as grandes expectativas em torno da recuperação da economia depois de uma longa depressão, fato é que o Brasil sofreria uma recessão ainda pior após o primeiro ano de governo do então presidente eleito, sobretudo no segundo ano de seu mandato, dado "o choque da pandemia" (CHERNAVSKY, 2022).

Para se ter uma ideia em números, com uma baixa taxa de crescimento do PIB, uma das menores taxas de investimento, uma das mais altas de desemprego e de inflação, a produção da indústria, em junho de 2022, seguia aquém do patamar pré-pandemia, conforme a Pesquisa Industrial Mensal divulgada pelo Instituto Brasileiro de Geografia e Estatística (IBGE) em junho de 2022 (AGÊNCIA ESTADO, 2022) – portanto, mais de dois anos depois desde o surto de casos de covid-19 em todas as unidades da Federação.

Conforme dados do Monitor do PIB da Fundação Getulio Vargas (FGV), no primeiro semestre de 2022, a aquisição de bens não duráveis, em específico, se encontrava 3,04% abaixo do nível pré-pandemia (ESTADÃO CONTEÚDO, 2022), sendo que, ao enfrentamento do setor industrial, importa ainda salientar que foram adicionados "problemas persistentes nas cadeias de oferta em meio à guerra na Ucrânia" (MOREIRA; GAIER, 2022).

Pincelados os três desafios enfrentados pela indústria de bens de consumo não duráveis, o próximo capítulo discorre principalmente sobre a GQT – quarto e último tópico que também perpassa essa oferta e que permite evidenciar um pouco mais o que já vinha sendo explorado, em especial, por ocasião do segundo desafio (referente à alta competitividade entre as empresas desse segmento).

QUESTÕES

1. O trade marketing surgiu nos anos 1980, mas chegou ao Brasil apenas na década seguinte, quando foi adotado como um novo paradigma para superar uma crise instaurada no mercado de bens de consumo. Quais foram os dois fatores citados que causaram essa crise?

2. Explique as principais diferenças na abordagem das estratégias de marketing e de trade marketing, considerando um a um dos elementos do composto de cada um deles (produto, preço, ponto de venda/distribuição e promoção).

3. Cite, de forma resumida, o papel principal de cada uma das três áreas relacionadas à atividade comercial abordadas neste capítulo (marketing, trade marketing e vendas).

4. Quais são os principais canais de distribuição do Brasil e os tipos de consumo a que eles atendem?

5. No último tópico deste capítulo, foram destacados três desafios enfrentados pela indústria de bens de consumo não duráveis na atualidade. Descreva cada um deles e sua relação com a motivação da implementação do programa de GQT em vendas.

CAPÍTULO 2:

A GESTÃO DA QUALIDADE TOTAL (GQT)

Em relação ao surgimento da GQT, autores como Juran (1995) e Besterfield *et al.* (2003) a associam ao processo de industrialização iniciado com a Segunda Revolução Industrial. Isso porque, antes, na chamada Primeira Revolução Industrial – cujo surgimento se deu na Inglaterra, entre o final do século XVIII e o início do século XIX (1760 e 1840) –, o que se observava era um conjunto de invenções que viabilizava a distribuição dos bens produzidos (e produzidos não mais por intermédio da manufatura, mas, sim, por meio de energias oriundas de fontes não humanas, a exemplo do carvão). Até aí, todavia, se estava sendo forjada uma nova organização no sistema capitalista mediante a produção mecânica (SCHWAB, 2019), ainda faltava o aumento mais significativo da produção em massa.

Entre a segunda metade do século XIX até quase a metade do século XX, no entanto, agora já com a utilização do petróleo como fonte de energia e o início do fordismo, a Segunda Revolução Industrial se daria justamente no sentido de ampliar a capacidade industrial, num movimento inicialmente ocorrido na Inglaterra e que a ela competiria estender para outros países (SCHWAB, 2019), com destaque para os Estados Unidos e, na Europa, Alemanha e França, seguidas, em menor escala, por Holanda, Bélgica e Itália.

A partir daí – em 1960, já com o fim da Segunda Guerra Mundial –, a Terceira Revolução Industrial, também conhecida como Revolução Tecnocientífica, Revolução Digital e Revolução do Computador –, se caracterizaria pela série de avanços ocorridos na indústria a partir de sua modernização com elementos da informática e eletrônica (SCHWAB, 2019). E, ao se espalhar por todo o mundo no século XX, seria também a precursora da

Quarta Revolução Industrial, já no século XXI, marcada pelos avanços mais recentes das tecnologias digitais, como a robótica, a inteligência artificial e a chamada "internet das coisas".

Tomada, porém, a Segunda Revolução Industrial como o contexto sócio-histórico no qual a GQT se engendraria, importa que, entre os fatores graças aos quais ela se originaria e seguiria até os dias atuais, uma boa quantidade de aspectos seja considerada, tanto no que se refere à sua aplicação na indústria quanto no que se verifica a seu respeito como objeto de estudo na academia.

A seguir, portanto, são explicitados quatro tópicos centrais, sendo os três primeiros dedicados ao melhor entendimento da GQT, a fim de que, ao final, seja possível situá-la na área de vendas:

I. uma explanação geral acerca da sua evolução, apresentada em 2.1;
II. o levantamento de pesquisas nacionais e internacionais que versam sobre ela nas publicações acadêmicas nos últimos anos, indicando perspectivas e aplicações por meio das quais essa prática vem sendo explorada, em 2.2;
III. a aplicação da GQT à área de vendas, especificamente, em 2.3;
IV. quanto ao quarto e último dos tópicos mencionados, em 2.4, trata-se de um último aporte teórico que também interessa aos objetivos desta obra: a perspectiva de Tragtenberg (1977) em *Burocracia e ideologia* no que se refere à autogestão como alternativa à desconstrução do modelo de administração social-ideológico da burocracia, por ele criticada. Dela, então, foram destacadas estas três características:
A. a realização de atividades predefinidas e padronizadas;
B. o domínio da burocracia;
C. o foco na eficiência e nos resultados, a partir das quais foi possível viabilizar a análise a respeito da percepção dos trabalhadores da área de vendas quanto ao impacto provocado pela implementação do programa de GQT em vendas sobre a própria atuação.

2.1 A GQT NA LINHA DO TEMPO

Do já mencionado processo de industrialização iniciado com a Segunda Revolução Industrial, no século XIX, ao alcance da GQT nos Estados Unidos e em parte da Europa, a alocação de recursos e o desenvolvimento de novas teorias[10] foram fatores impulsionadores dessa expansão. Esta, por sua vez, também encontrou milhões de consumidores nesses e em outros países importadores, dispostos a adquirir os produtos industrializados.

Nas décadas seguintes, as empresas passaram a ser desafiadas a entregar produtos com qualidade superior e padronizada, de forma a sempre atender às expectativas de quem os adquirisse (MOTTA; CORÁ, 2017). Assim, a busca por produtos com padrões e qualidade reconhecidos pelos consumidores, de modo que eles se disponham a adquiri-los continuamente, figura no cerne da qualidade total. Foi sob esse propósito que esforços individuais sempre foram realizados para se obter um efetivo controle da qualidade.

Após a Primeira Guerra Mundial, diversos profissionais se dedicaram a esse tema. O pioneiro foi Walter A. Shewhart, executivo de telefonia que desenvolveu o controle de qualidade dos produtos manufaturados embasado em dados estatísticos, cujo livro *Economic control of quality of manufactured product* (1931) deu início à literatura sobre a qualidade total.

Os estudos de Shewhart tiveram sequência a partir de dois pesquisadores americanos, que se tornaram referências mundiais no CQT: W. Edwards Deming, autor de diversos livros, entre os quais *Quality, productivity and competitive position* (1982), e Joseph M. Juran, também um autor profícuo de livros que são referência na área, como *Quality control handbook* (1980). Além de ambos terem construído a cultura da qualidade nas empresas em que trabalhavam, eles também a construíram (por meio de cursos, palestras e seminários) na indústria americana. Sua ênfase sempre foi na área da produção, uma vez que, mediante um programa de controle de qualidade,

---

10 Por exemplo, a administração científica de Taylor (1965) – pioneira no estudo dos tempos e movimentos –, o controle mais rigoroso do processo produtivo elaborado por Fayol (1965) e as maneiras de manter os trabalhadores dóceis e motivados, bem como aquelas elaboradas pela Escola das Relações Humanas de Mayo (1933).

objetivavam assegurar que os processos fabris ofereceriam produtos padronizados, com a mesma qualidade e com a mínima perda ou variação possível, satisfazendo os consumidores e aumentando a rentabilidade da indústria.

Para alguns, esse programa de CQT à época já configuraria a própria essência do que mais tarde seria conhecido como GQT. No entanto, a implementação da GQT propriamente dita – para a qual Deming e Juran viriam a desempenhar um papel relevante – ocorreria, de fato, após a Segunda Guerra Mundial em um país que se tornaria referência na área: o Japão (CORREA, 2017; MOTTA; CORÁ, 2017).

Conforme descrito por Ishikawa (1985), ao ocuparem o Japão, os americanos se depararam com produtos e serviços de qualidade muito inferior àqueles que estavam acostumados a adquirir nos Estados Unidos. Assim, como parte do esforço de reconstrução, foram investidos tempo e recursos para implementar não o CQT, mas a GQT na indústria japonesa. Deming e Juran foram convidados a visitar o país e apresentaram seu raciocínio a acadêmicos, administradores e engenheiros japoneses (CORREA, 2017). A partir desses conceitos, o Japão desenvolveu seu próprio modelo de GQT, que agregava ao modelo americano, entre outras distinções:

I. a GQT em toda a empresa (e não apenas na área de produção);
II. a necessidade da educação e do treinamento contínuos para que a cultura da qualidade total fosse criada;
III. a disciplina de se realizarem auditorias constantes para assegurar que os processos e os padrões estavam sendo cumpridos.

Em síntese, pode-se dizer que, naquele momento, a GQT superou as barreiras conceituais de ser essencialmente um programa de CQT para se tornar um programa de gestão, e que superou, ainda, as barreiras departamentais, sendo um modelo de gestão válido a ser considerado por todas as áreas da empresa.

Nas décadas seguintes, o sucesso das indústrias americanas e japonesas nos mercados internos e como potências exportadoras motivou indústrias em todo o mundo a implementar, entre outras propostas, a GQT em seus negócios (MOTTA; CORÁ, 2017).

No Brasil, por exemplo, a GQT chegou incentivada tanto pela burocracia estatal, que buscava tornar as organizações brasileiras mais eficientes para competirem no mercado global, quanto por meio de indústrias multinacionais – que importavam o conceito de suas matrizes – e nacionais – que realizavam visitas técnicas a outros mercados, como os Estados Unidos e o Japão (COLTRO, 1996; CORREA, 2017; FALCONI, 2014a, 2014b). Ademais, organizações da sociedade civil também foram constituídas para promover o desenvolvimento da GQT, sendo que, além de oferecer cursos, a mais conhecida delas – a Fundação Nacional da Qualidade (FNQ), que completou 30 anos em outubro de 2021 – instituiu o Prêmio Nacional da Qualidade (PNQ), que reconhece as empresas mais comprometidas com a implementação da GQT (FERNANDES, 2011).

A partir da década de 1980, com a ampla difusão dos programas da qualidade e a adoção de vários métodos e ferramentas incorporados pelas empresas, a International Organization for Standardization (ISO) lançou – em 1987, de modo mais específico – a série de normas ISO 9000 e a primeira edição do sistema da qualidade ISO 9001. Como um sistema de gestão da qualidade cujo propósito visa tanto a evitar ou minimizar o não atendimento dos requisitos dos clientes quanto a reduzir o desperdício, as atividades de gestão especificadas no sistema da qualidade ISO 9001 focam os pontos listados a seguir (CARPINETTI, 2017; CARPINETTI; GEROLAMO, 2007):

I. responsabilidade da direção para liderar o processo de gestão da qualidade;
II. planejamento de objetivos e planos de ação e revisão, suporte para as atividades de gestão da qualidade;
III. gestão da qualidade na operação de produção, avaliação de desempenho e melhoria dos processos de gestão.

A evolução da GQT – do Oriente ao Ocidente – pode ser assinalada por meio dos acontecimentos registrados na linha do tempo esquematizada no Quadro 20.

QUADRO 20 – LINHA DO TEMPO DA EVOLUÇÃO DA GESTÃO DA QUALIDADE TOTAL

Antes da Revolução Industrial	A qualidade era uma atividade de autocontrole realizada pelos artesãos.
Início do século XX, com a Segunda Revolução Industrial	Com o advento da produção em massa e das teorias de Administração Científica da Produção lançadas por Taylor, o controle de qualidade passou a ser uma atividade externa à produção, realizada pelo inspetor de qualidade.
1922	Com a publicação da obra *The control of quality in manufacturing*, de G. S. Radford, as atividades de inspeção foram relacionadas mais formalmente com o controle de qualidade.
Final da década de 1920	Trabalhando no Laboratório Bell, W. Shewhart desenvolveu as Cartas de Controle de Processo. Por meio da introdução de ferramentas simples – mas fundamentais –, Shewhart mostrou ser possível estabelecer um modelo estatístico de variabilidade máxima da resposta de um processo produtivo, baseado nas causas crônicas de variabilidade. E, a partir desse modelo (linha central e limites da carta de controle), ele também mostrou ser possível monitorar a qualidade do processo de fabricação, embora suas teorias esbarrassem nos princípios de administração da produção consoante os moldes tayloristas, segundo os quais o controle da qualidade não cabia à produção.
A partir da década de 1930	Também do Laboratório Bell, Dodge e Roming desenvolveram técnicas para a inspeção de lotes de produtos por amostragem, baseadas na abordagem probabilística para a previsão da qualidade do lote a partir da qualidade da amostra. As técnicas de inspeção por amostragem se consolidaram como ferramenta de controle de qualidade muito mais rapidamente do que as técnicas propostas por Shewhart, sobretudo por não se chocarem com a filosofia dominante de inspeção final da qualidade dos produtos, não bastasse simplificarem e aumentarem a precisão do processo de inspeção.
Até o início dos anos 1950	A qualidade do produto era entendida como sinônimo de perfeição técnica.

(continua)

(continuação)

A partir de 1950	A partir da divulgação dos trabalhos de Juran e Deming, a qualidade deixa de ser exclusivamente associada à condição de perfeição técnica, passando, então, a incorporar o grau de adequação aos requisitos do cliente. Com a publicação do *Quality control handbook*, de Juran, o controle da qualidade ganha nova dimensão, incluindo todas as atividades do ciclo produtivo do desenvolvimento ao pós-venda. De acordo com Juran, para a adequação do produto ao uso, todos os processos direta ou indiretamente relacionados ao seu ciclo produtivo deveriam ser direcionados para atender às expectativas do cliente. Ao conjunto de atividades cujo objetivo consiste em incorporar qualidade ao produto, independentemente de em qual parte da organização essas atividades sejam realizadas, Juran denominou de "função da qualidade". Além disso, o estudioso também propôs uma metodologia para o desenvolvimento dessas ações da qualidade, chamada "trilogia de controle da qualidade", como um processo cíclico de gerenciamento composto de planejamento, controle e melhoria da qualidade. Outra contribuição fundamental desse estudioso, juntamente com Shewhart, foi o ciclo de Deming-Shewhart, ou Ciclo PDCA, como ficou mais conhecido. Entendendo o processo como um conjunto de causas que devem ser controladas a fim de que bons produtos e serviços possam ser obtidos, Ishikawa, cujas contribuições teóricas também influenciaram Deming e Juran, desenvolve o diagrama de causa e efeito, também conhecido como diagrama de Ishikawa.
1950	Destruído pela guerra, o Japão precisava reerguer a sua indústria de bens de consumo, e alguns industriais japoneses perceberam que a qualidade de seus produtos poderia ser o diferencial necessário para que esses (até ali, considerados de baixa qualidade) pudessem competir no mercado internacional. Convidado a proferir uma palestra sobre conceitos de controle estatístico de qualidade, Deming, percebendo que o público seria formado por industriais e executivos, optou por focar a atenção da audiência em aspectos culturais e filosóficos – aspectos gerenciais, e não técnicos –, que mais tarde se tornariam os conhecidos "14 pontos de Deming". Com isso, o estudioso ressaltava a importância da liderança, do comprometimento, da educação e da capacitação para a qualidade.
1951	Em seu célebre livro *Total quality control*, Feigenbaum (1983) definiu as atividades de controle da qualidade como sendo: controle de projeto (vender produtos de qualidade, projetar produtos de qualidade e planejar processos com qualidade), controle de material recebido (comprar material com qualidade, receber e inspecionar material de qualidade), controle de produto (fabricar produtos de qualidade, inspecionar e testar, distribuir com qualidade, instalar e manter) e estudo de processos especiais. O impacto do seminário proferido por Deming no Japão foi tamanho que, a partir desse ano, instituiu-se o Prêmio Deming de controle da qualidade no Japão.

(continua)

(continuação)

1954	A série de seminários ministrados por Juran no Japão marcou o início de um processo gradual de transição entre o controle estatístico da qualidade e o controle da qualidade total.
1968	Em um simpósio realizado pela Japanese Union of Scientists and Engineers (Juse) no Japão, o controle da qualidade total no estilo japonês foi caracterizado pelos seguintes pontos: • participação de todos os departamentos e envolvimento de todos os empregados com o controle da qualidade total; • entusiasmo por educação e treinamento de qualidade; • atividades de círculos de controle da qualidade; • auditorias do presidente e participação no Prêmio Deming de Qualidade; • uso de métodos estatísticos, das sete ferramentas da qualidade e de outros métodos avançados; • campanhas nacionais de promoção da qualidade: mês da qualidade, vários simpósios e seminários.
Década de 1970	O movimento japonês da qualidade continuou seu processo de evolução até se tornar internacionalmente valorizado e referência para o desenvolvimento do movimento da qualidade total no ocidente. A partir dessa década, o mercado e a competitividade das empresas americanas começaram a perder para os seus concorrentes japoneses, cujos produtos eram de qualidade e confiabilidade superior. Daí a evolução do controle da qualidade também no ocidente, especialmente nos Estados Unidos, com base nas ideias de Juran, Deming e Feigenbaum.
A partir de 1980	A partir dos anos 1980 – e, no Brasil, principalmente a partir dos anos 1990 –, a GQT foi amplamente implementada em empresas de vários segmentos industriais e de serviços. Até o começo da década de 1990, o índice de refugo em empresas de manufatura brasileiras chegava a ser cem vezes maior que o norte-americano ou europeu e até mil vezes superior ao japonês.
1987	A ISO lançou a série de normas ISO 9000 e a primeira edição do sistema da qualidade ISO 9001.
A partir de 1990	Com a abertura da economia, qualidade e custo passaram a ser critérios competitivos importantes para as empresas brasileiras, e várias adotaram programas de qualidade total. Uma das razões para essa grande difusão de programas de qualidade total está possivelmente relacionada a programas governamentais, como o Programa Brasileiro de Qualidade e Produtividade e o Prêmio Nacional da Qualidade. A exigência da certificação da qualidade ISO 9001 por várias cadeias produtivas também ajudou a reforçar essa tendência.

(continua)

CAPÍTULO 2: A gestão da qualidade total (GQT)

(continuação)

A partir de 2000	A expressão "gestão da qualidade total" foi se tornando menos usual, sendo substituída por "gestão da qualidade". Programas de GQT, largamente implementados nas empresas entre 1980 e 1990, foram substituídos por outros programas de gestão da qualidade e melhoria. No meio acadêmico, as pesquisas relacionadas à GQT também perderam um pouco do brilho das décadas passadas, e prêmios da qualidade foram reformatados para prêmios de excelência em gestão, como o prêmio europeu conferido pela Fundação Europeia de Gestão da Qualidade (EFQM). No entanto, apesar dessa mudança de terminologia e de abordagem, a gestão da qualidade continuou com importância crescente: • os consumidores e o mercado cada vez mais exigem qualidade a um preço mais baixo; • conceitos como foco no cliente, melhoria contínua, envolvimento e comprometimento são valorizados e desenvolvidos nas empresas que são referência em termos de gestão de desempenho; • o programa Seis Sigma – uma evolução dos programas de qualidade total – vem se tornando cada vez mais popular no meio empresarial, sendo largamente implementado tanto em processos industriais como em processos administrativos; • outros programas adotados atualmente pelas empresas – como Produção Enxuta – têm forte influência dos conceitos e técnicas da GQT; • o sistema de gestão da qualidade ISO 9001 e seus subsequentes, cujo certificado vem sendo cada vez mais exigido e adotado como evidência de que a empresa que detém o certificado gerencia minimamente a qualidade, é outro bom exemplo da atualidade e pertinência dos conceitos e técnicas provenientes da GQT; • várias técnicas desenvolvidas a partir das iniciativas da qualidade total ganharam grande importância – como FMEA, 5S, ferramentas estatísticas e gerenciais – e continuam sendo amplamente empregadas.

Fonte: Informações adaptadas de Carpinetti (2017, p. 13-26)
e Carpinetti e Gerolamo (2007, p. 9-14).

Joiner (2007), a exemplo do que registra Carpinetti (2017) ao final dessa linha do tempo, considera que, tanto por parte de acadêmicos quanto por parte de empresários e executivos, é ampla a aceitação dos conceitos da GQT, sendo que essa aceitação se deve, sobretudo, aos resultados atingidos pelas empresas após a implementação de programas de GQT, assim como à obtenção de uma vantagem competitiva em relação aos concorrentes que não os utilizam. Ainda que Day (1994) tenha observado que, em sua origem, os programas de GQT atuavam junto aos processos produtivos e que, na atualidade, a GQT ainda é muito utilizada junto aos times que trabalham nas fábricas, ela é hoje relevante não só para essa, como também para outras áreas das empresas.

Todavia, é preciso manter em vista que, além de comprometimento da liderança, a implementação de um programa de GQT demanda esforço em treinamento por parte da equipe que executará as tarefas com os novos padrões e esforço na mudança cultural necessária para que os novos conceitos possam ser absorvidos e implementados (CORDEIRO, 2004; HADDAD; ÉVORA, 2012; JANUZZI; VERCESI, 2010) – o que, na maioria das vezes, é complexo e demanda tempo e energia.

De todo modo, diante dos três principais desafios que impactam o mercado de bens de consumo nacional (já explicitados no capítulo anterior, no item 1.3), é certo que não falta motivação para que as empresas que integram esse setor – quer elas já façam parte de um programa mais amplo de GQT ou não – venham a implementar um programa de GQT em vendas (MOTTA; CORÁ, 2017).

2.2 ESTUDOS MAIS RECENTES QUE ENVOLVEM A GQT, SUA IMPORTÂNCIA E APLICAÇÃO

Conforme registrado na introdução deste livro, há um extenso embasamento teórico para a utilização da GQT nas organizações. Em geral, no entanto, observa-se que esse material trata ou da implementação da GQT em toda a organização ou, em particular, de sua implementação na área de produção. No âmbito das publicações acadêmicas, especificamente, muitas são as aplicações às quais a temática em torno da GQT se associa, embora, no que se refere ao estudo da GQT aplicada exclusivamente à área de vendas, nada se tenha encontrado a respeito, tanto ao longo dos levantamentos de pesquisas nacionais – relacionados a seguir – quanto ao longo dos levantamentos das publicações de pesquisadores internacionais – apresentados pouco mais adiante.

Na Plataforma Sucupira, por exemplo – um acervo público digital vinculado a todos os programas de pós-graduação brasileiros e que, por conseguinte, consegue abranger todos os trabalhos de outras plataformas independentes (teses e dissertações) –, a pesquisa utilizando o descritor "gestão da qualidade total em vendas", inicialmente digitado sem aspas, obteve 1.126.234 de pesquisas nos resultados. Já quando digitada entre as aspas – a fim de que não contemplasse as palavras apresentadas dissociadamente –, a busca elencou 253 pesquisas.[11]

Dada a necessidade de ainda se restringir o número de trabalhos abrangidos nessa amostra inicial, foram refinados os critérios de busca, delimitando-se, em primeiro lugar, o período compreendido para a elaboração e/ou divulgação dessas pesquisas – no caso, os últimos anos, durante os quais se verifica que o país tem enfrentado uma instabilidade político-econômica. Em segundo lugar, aplicado o filtro aos anos correspondentes à elaboração/publicação dos estudos, foram delimitadas as áreas do conhecimento nas quais eles se inscrevem, privilegiando-se a mesma área de interesse desta obra e aquelas com as quais mantém maior proximidade – no caso, Administração, Administração de Empresas, Administração Pública, Garantia de Controle e de Qualidade.

Aplicadas essas restrições, a plataforma selecionou oito pesquisas (Quadro 21), por meio das quais é possível apreender, no geral, o enfoque que tem sido dado pelos pesquisadores à GQT.

---

[11] Até então, a última data de acesso à Plataforma Sucupira para a atualização desses dados tinha sido em 14 de março de 2019, durante o desenvolvimento da tese da qual, como já informado, derivou este livro. Atualizada essa última data de acesso para 24 de agosto de 2022 – agora, sim, já por ocasião da adaptação da tese para a publicação desta obra –, a mesma consulta reuniu 255 resultados – ou seja, apenas duas a mais no intervalo de três anos. O acesso à plataforma está disponível em: http://catalogodeteses.capes.gov.br/catalogo-teses/#!/.

QUADRO 21 – PESQUISAS SOBRE GQT ELENCADAS PELA PLATAFORMA SUCUPIRA, CONFORME CRITÉRIOS DE DATA E ÁREAS DO CONHECIMENTO

Título da pesquisa	Tipo de pesquisa	Ano	Autores	Área
A influência do modelo de GQT na administração atual de empresas baianas que trilham o caminho rumo à excelência	Dissertação	2014	Bernardino, L. L.	Administração
Gestão da qualidade de fornecedores: análise e remodelagem do sistema em concessionária de distribuição de energia elétrica	Dissertação	2014	Azevedo, V. M. de	Metrologia e Qualidade
Abordagem da cadeia de suprimentos na perspectiva das dimensões da estrutura organizacional: um estudo de caso na cadeia de serviços logísticos	Dissertação	2014	Matsumato, L. D. M.	Administração
Determinantes da efetividade percebida de *workshops* Kaizen da produção enxuta em uma mineradora brasileira	Dissertação	2015	Resende, H. M. A. de	Administração
Percepção de qualidade das escolas do ponto de vista de alunos do ensino médio	Dissertação	2015	Ramos, B. S.	Administração
Processo judicial eletrônico: uma avaliação através do Common Assessment Framework	Dissertação	2018	Cartaxo, W. A.	Gestão em Organizações Aprendentes
Identidade padrão de comunicação digital do governo federal: uma análise à luz da metodologia Common Assessment Framework	Dissertação	2018	Oliveira, M. L.	Gestão em Organizações Aprendentes
Inovatividade e inovação organizacional: relações em micro e pequenas empresas	Tese	2018	D'anjour, M. F.	Administração

Fonte: Desenvolvido pelos autores a partir de pesquisa realizada na Plataforma Sucupira (2019).

Em *A influência do modelo de GQT na administração atual de empresas baianas que trilham o caminho rumo à excelência*, a dissertação de Bernardino (2014) teve como propósito compreender quais aspectos (princípios, práticas, ferramentas e metodologias) do modelo de GQT foram capazes de superar o período denominado "*boom* da qualidade" no Brasil e quais deles foram descartados ou sofreram modificações após a adoção do Modelo de Excelência da Gestão (MEG) instituído pela FNQ.

Assim, por meio do estudo de casos múltiplos realizado com quatro organizações constituídas no estado da Bahia – as quais implantaram programas de GQT na década de 1990 e, posteriormente, adotaram o MEG –, Bernardino (2014) concluiu que a grande maioria dos princípios da GQT ainda fazia parte do ambiente organizacional das empresas pesquisadas, o que lhe permitiu aventar que não haveria, propriamente, uma "crise" do modelo de GQT nas empresas em questão, haja vista que muitos de seus aspectos se encontravam amplamente sedimentados, sendo implementados por meio de práticas ou programas gerenciais com nomenclaturas diferenciadas, mas que ainda guardavam muitas semelhanças com os antigos programas de GQT ao estilo japonês. Nesse estudo, todavia, não são destacados os diversos aspectos relacionados aos setores específicos nos quais a prática permanecia implantada, dado não ser esse o objeto de investigação da pesquisadora.

Ainda em 2014, outra dissertação que teve como tópico a GQT e que consta entre os oito resultados refinados pela plataforma foi a de Azevedo, intitulada *Gestão da qualidade de fornecedores: análise e remodelagem do sistema em concessionária de distribuição de energia elétrica*, na qual os objetivos do autor consistiram em analisar os processos de controle de qualidade dos insumos adquiridos por concessionárias de distribuição de energia elétrica no Brasil, em responder às hipóteses sobre a efetividade desse gerenciamento e, ainda, em propor uma remodelagem desse sistema (AZEVEDO, 2014). Por meio deles, observa-se que a tratativa da gestão da qualidade nessa pesquisa esteve voltada aos fornecedores – portanto, ao controle de qualidade nas compras.

Finalizando os trabalhos apurados pela plataforma e ainda correspondentes ao ano de 2014, em *Abordagem da cadeia de suprimentos na perspectiva das dimensões da estrutura organizacional: um estudo de caso na cadeia de serviços logísticos*, Matsumato (2014) não se deteve especificamente no controle da qualidade nas compras, mas, mobilizando conceitos da estrutura organizacional, investigou como eles poderiam ajudar na gestão da cadeia de suprimentos de modo geral, além de explicar sua operação e seu comportamento por meio de um estudo de caso.

Acerca das demais pesquisas levantadas pela Plataforma Sucupira a partir do descritor "gestão da qualidade total", o que se averiguou foi um distanciamento cada vez maior em relação à proposta empreendida neste livro, tanto no que se refere à problemática quanto no que concerne à sua perspectiva teórica e ao seu objeto de análise.

Na dissertação de Resende (2015), por exemplo, intitulada *Determinantes da efetividade percebida de* workshops *Kaizen da produção enxuta em uma mineradora brasileira*, o autor se volta à implantação da produção enxuta (PE), à qual se refere como "a evolução da Gestão da Qualidade Total", tendo como objetivo identificar as variáveis que explicavam os resultados com a implementação do *workshop* Kaizen da PE segundo a percepção do empregado em uma empresa brasileira de mineração, comparando-os com resultados obtidos na indústria norte-americana.

No mesmo ano, Ramos (2015), em *Percepção de qualidade das escolas do ponto de vista de alunos do ensino médio*, avaliou a percepção de qualidade dos serviços prestados por escolas de ensino médio privado no Brasil, utilizando-se, para tanto, de instrumento validado e conhecido como escala SERVQUAL – uma escala de avaliação da qualidade em serviços.

Seguindo nessa linha de avaliação por meio de um instrumento capaz de mensurar a qualidade na oferta de serviços, em *Processo Judicial Eletrônico: uma avaliação através do Common Assessment Framework*, Cartaxo (2018) se propôs a avaliar o Sistema do Processo Judicial Eletrônico (PJe) no âmbito do Tribunal de Justiça do Estado da Paraíba (TJPB) por meio da ferramenta de avaliação denominada Common Assessment Framework (CAF), que consiste em um modelo de GQT que foi desenvolvido para uso no setor público europeu.

Também em 2018, centrado nesse mesmo modelo de GQT, Oliveira (2018), em *Identidade padrão de comunicação digital do Governo Federal: uma análise à luz da metodologia Common Assessment Framework*, buscou analisar se os interagentes dos sites da Universidade Federal da Paraíba (UFPB) identificavam as premissas da Identidade Padrão de Comunicação

Digital do Governo Federal (IDG) nos sites institucionais que haviam adotado essa identidade nesse estabelecimento de ensino.

Por fim, na tese sob o título *Inovatividade e inovação organizacional: relações em micro e pequenas empresas*, D'anjour (2018) teve como objetivo geral identificar os efeitos da inovatividade baseada nos princípios da GQT sobre a geração de múltiplas inovações em micro e pequenas empresas.

Diante da ausência de dissertações e teses brasileiras que se detivessem na GQT em vendas, buscou-se ainda a existência de artigos em português que pudessem ter contemplado esse tópico, consultando-se, para tanto, a Scientific Electronic Library Online (SciELO), biblioteca eletrônica que resulta de um projeto de pesquisa da Fundação de Amparo à Pesquisa do Estado de São Paulo (Fapesp) em parceria com o Centro Latino-Americano e do Caribe de Informação em Ciências da Saúde (Bireme), abrangendo uma coleção selecionada de periódicos científicos brasileiros. Desde 2002, o projeto também conta com o apoio do Conselho Nacional de Desenvolvimento Científico e Tecnológico (CNPq). Porém, tampouco nessa base foram identificados documentos associados à "gestão da qualidade total em vendas".

No Google Acadêmico, no qual a pesquisa com a mesma expressão também foi realizada (entre aspas), eliminando-se citações e patentes, os únicos quatro resultados até então existentes apontaram para três estudos já desenvolvidos em coautoria por dois destes autores – Rodrigo Guimarães Motta e Leandro Pereira de Lacerda.

No primeiro, intitulado *O judô como mecanismo motivacional em um programa de gestão da qualidade total em vendas* (LACERDA; MOTTA; SANTOS, 2018), analisou-se a utilização dos conceitos do judô como analogia à profissão de vendas para explicar como o programa impacta a motivação e o engajamento do time de vendas. No segundo, *Uma crítica ao discurso da gestão da qualidade total a partir do pensamento de Maurício Tragtenberg* (MOTTA; CORÁ, 2017), analisou-se uma das teorias das organizações, partindo das referências propostas pelos estudos críticos dos pensadores brasileiros – em particular, pela abordagem de Maurício Tragtenberg apresentada no seu livro *Burocracia e ideologia* (1977), originalmente sua tese de doutorado. No terceiro e último, *Programa de gestão da qualidade total em vendas: o caso do judô* (LACERDA; MOTTA, 2018), buscou-se compreender se os programas de GQT se apropriavam de alguma temática relacionada ao esporte para engajar sua equipe de vendas e motivá-la para atingir as metas e cumprir os processos-chave.

Além dos estudos brasileiros mais recentes que envolvem a temática em torno da GQT, o estudo abrangeu ainda as pesquisas acadêmicas de natureza internacional, realizando-se, então, um levantamento no site *Web of Science* a respeito dos artigos mais citados que mencionam a GQT e demonstram sua importância para a empresa como um todo, e não apenas para a área de produção (Quadro 22). Nessa consulta, a exemplo daquela realizada com as pesquisas nacionais, também foram utilizados os descritores *"total quality management"* e *"total quality management in sales"*.

QUADRO 22 – ARTIGOS INTERNACIONAIS QUE TRATAM DA GQT EM LEVANTAMENTO NO SITE *WEB OF SCIENCE*

Artigo	Autores	Ano	Citações	Cit. por ano	Área
The capabilities of market-driven organizations	Day, G. S.	1994	1.667	72	Estratégia
Exploitation, exploration, and process management	Benner, M. J. e Tushman, M. L.	2003	905	64	Produção
Reconceptualizing organizational routines as a source of flexibility and change	Feldman M. S. e Pentland, B. T.	2003	780	55	Cultura organizacional
Total quality management as competitive advantage: a review and empirical study	Powell, T. C.	1995	684	31	Estratégia
How common is workplace transformation and who adopts it?	Osterman, P.	1994	668	29	Cultura organizacional
Voice of the customer	Gaskin, S. P. et al.	2010	574	24	Produção
Leading change: why transformation efforts fail	Kotter, J. P.	1995	573	26	Estratégia

(continua)

(continuação)

Artigo	Autores	Ano	Citações	Cit. por ano	Área
Customization or conformity? An institutional perspective on the content and consequences of TQM adoption	Westphal, J. D.; Gulati, R. e Shortell, S. M.	1997	512	25	Cultura organizacional
Development and validation of TQM implementation constructs	Ahire, S. L.; Golhar, D. Y. e Waller, M. A.	1996	481	23	Produção
Total quality management: empirical, conceptual, and practical issues	Hackman, J. R. e Wageman, R.	1995	475	21	Estratégia

Fonte: Desenvolvido pelos autores a partir de pesquisa realizada na *Web of Science* (2016).

Seguindo-se agora não mais pela ordem de data de publicação dos estudos, mas pela quantidade de citações associada a cada um, em *The capabilities of market-driven organizations*, Day (1994), em primeiro lugar, com 1.667 citações, busca entender como a orientação organizacional pode ser alcançada e conservada, a partir da compreensão do que as empresas fazem e da medição das consequências pragmáticas dessa orientação para o mercado.

Na perspectiva do autor, a abordagem de recursos emergentes para o gerenciamento estratégico, quando combinada com o gerenciamento de qualidade total, oferece uma multiplicidade de formas de se criarem programas de mudança que aprimorarão determinada orientação de mercado. E, segundo Day (1994), um programa abrangente de mudança que visa a melhorar essas capacidades inclui seis aspectos:

1. o diagnóstico das capacidades atuais;
2. a antecipação das necessidades futuras de recursos;
3. a reestruturação pragmática dos processos subjacentes;
4. a direção e o compromisso de cima para baixo;
5. o uso criativo da tecnologia da informação;
6. o monitoramento contínuo do progresso.

Com 905 citações até a data em que foi efetuado esse levantamento, em *Exploitation, exploration, and process management*, Benner e Tushman (2003) revisitam o "dilema da produtividade", conforme o próprio título antecipa. No trabalho em questão, os autores desenvolvem uma visão contingencial da influência da gestão de processos tanto na inovação tecnológica quanto na adaptação organizacional. Os autores argumentam que, embora as atividades de gerenciamento de processos sejam benéficas para as organizações em contextos estáveis, elas são fundamentalmente inconsistentes com quase todas as inovações e mudanças incrementais, conquanto as capacidades dinâmicas estejam enraizadas nas atividades de exploração e investigação.

Em *Reconceptualizing organizational routines as a source of flexibility and change*, com 780 citações, Feldman e Pentland (2003) desafiam a compreensão tradicional das rotinas organizacionais como criadoras de inércia nas organizações. Segundo eles, a relação entre os aspectos ostensivos (considerados a estrutura) e performativos das rotinas (contempladas as ações específicas de pessoas específicas em momentos e lugares específicos) cria uma oportunidade contínua de variação, seleção e retenção de novas práticas e modelos de ação incorporados nas rotinas, permitindo a geração de uma ampla gama de resultados, de uma aparente estabilidade a uma mudança considerável.

Em quarto lugar, com 684 citações, Powell (1995), em *Total quality management as competitive advantage*, parte da constatação de que, não obstante se tratar de um segmento bastante difundido no pensamento empresarial, o papel da GQT como um recurso estratégico permanece praticamente sem ser examinado na pesquisa de gestão estratégica. Em decorrência disso, o autor se propõe a analisar a GQT como uma potencial fonte de vantagem competitiva sustentável, analisando evidências empíricas existentes e relatando as descobertas de um novo estudo empírico das consequências do desempenho da GQT. As contribuições apresentadas pelo estudo, entretanto, não estão direcionadas, por exemplo, à área de vendas.

Com 668 citações, em *How common is workplace transformation and who adopts it?*, Osterman (1994) se utiliza dos dados coletados de 694 unidades de manufatura dos Estados Unidos para examinar a incidência de práticas de trabalho inovadoras (equipes, rotação de tarefas, círculos de qualidade e GQT) e investigar quais as variáveis que estão associadas à adoção dessas práticas, incluindo as de recursos humanos. Após a análise, o pesquisador chega ao resultado de que cerca de 35% dos estabelecimentos do setor privado com 50 ou mais empregados fizeram uso substancial da organização do trabalho flexível em 1992, ano de coleta dos dados.

Ao final, Osterman (1994) conclui que alguns fatores associados à adoção dessas práticas por um estabelecimento são: fazer parte de um mercado de produtos internacionalmente competitivo; possuir uma tecnologia que requer altos níveis de habilidade, seguindo uma estratégia de "caminho mais ético" que enfatize variedade, serviço e qualidade em vez de baixos custos; e fazer uso de práticas de recursos humanos, como altos níveis de treinamento e sistemas de remuneração inovadores.

Em *Voice of the customer*, com 574 citações, Gaskin *et al.* (2010) partem do entendimento de que a voz dos clientes (VOC) é um importante processo para capturar as exigências manifestas por eles, viabilizando saídas e benefícios importantes para os desenvolvedores de produtos. Assim, por meio da análise de exemplos, os autores chegam à conclusão de que a voz do cliente é uma parte extremamente importante do processo de desenvolvimento de novos produtos, formando uma base sólida para decisões de design e marketing desde o desenvolvimento do conceito até seu lançamento. Embora centrado na Produção e elencado como uma pesquisa associada aos descritores *"total quality management"* e *"total quality management in sales"*, o artigo, todavia, não se detém na GQT.

Leading change: why transformation efforts fail, de Kotter (1995), com 573 citações, descreve oito fatores essenciais para o sucesso, desde o estabelecimento de um senso de urgência extraordinária, passando pela criação de ganhos de curto prazo, até a mudança da cultura organizacional. Das lições a serem apreendidas do artigo do professor aposentado da Harvard Business School, a mais abrangente, atrelada aos casos mais bem-sucedidos, é a de que o processo de mudança passa por uma série de fases que geralmente requerem um período considerável. Uma segunda lição, ainda muito abrangente, é a de que grandes erros, em qualquer uma das fases, podem ter um impacto devastador, diminuindo o ímpeto e negando ganhos conquistados a duras penas.

Em oitavo lugar, em *Customization or conformity? An institutional perspective on the content and consequences of TQM adoption* com 512 citações, Westphal, Gulati e Shortell (1997) desenvolvem um arcabouço teórico que integra perspectivas institucionais e de rede sobre a forma e as consequências das inovações administrativas. As hipóteses são testadas com dados de pesquisa e arquivamento sobre a implementação de programas de GQT e as consequências para a eficiência e legitimidade organizacional em uma amostra de mais de 2.700 hospitais dos Estados Unidos.

Nesse estudo, os resultados demonstram que os primeiros adeptos personalizam as práticas de GQT para ganhos de eficiência, enquanto os adeptos mais tardios ganham legitimidade ao adotar a forma normativa dos programas de GQT. Os autores acrescentam que esses resultados sugerem que os fatores institucionais moderam o papel da participação na rede ao afetar a forma das inovações administrativas adotadas e fornecem fortes evidências para a importância dos fatores institucionais na determinação de como as inovações são definidas e implementadas (WESTPHAL; GULATI; SHORTELL, 1997).

Ahire, Golhar e Waller (1996), em *Development and validation of TQM implementation constructs* – com 481 citações –, consideram que, embora a literatura contemporânea de gestão da qualidade prescreva várias estratégias de melhoria de qualidade, faltavam construtos cientificamente desenvolvidos e testados que representassem uma filosofia integrativa de GQT, sendo que um impacto das estratégias de GQT prescritas na qualidade do produto de uma empresa ainda não tinha sido analisado. Assim, mediante uma análise detalhada da literatura, a pesquisa identificou doze construtos de estratégias integradas de GQT, os quais foram testados e validados empiricamente com 371 empresas de manufatura.

Por fim, *Total quality management: empirical, conceptual, and practical issues*, de Hackman e Wageman (1995), com 475 citações, retorna aos escritos dos fundadores do movimento – W. Edwards Deming, Joseph Juran e Kaoru Ishikawa – para avaliar a coerência, a distinção e a provável perseverança dessa filosofia gerencial provocativa. A análise foi concluída com um prognóstico sobre o futuro da GQT, incluindo algumas especulações sobre o que será necessário se a GQT for criar raízes e prosperar nos próximos anos.

2.3 A GQT EM VENDAS

De modo geral, pode-se dizer que a área de vendas sempre foi a responsável pela comercialização dos produtos para os varejistas. Com o tempo, contudo, ela passou a ser pressionada para viabilizar o crescimento da receita e a rentabilidade dos negócios, sendo que, para tanto, uma alternativa – implementada de forma combinada com outras anteriormente mencionadas – foi a elaboração de programas de GQT em vendas (MOTTA; CORÁ, 2017). Um tipo de programa que, tal como já destacado na introdução deste livro, se caracteriza como um método de trabalho que, *ao mesmo tempo que determina as metas de negócios de cada companhia, define e padroniza processos-chave* a serem executados para que a equipe de vendas possa, então, atingi-las.

Quanto ao programa de GQT em vendas ser apresentado como essa alternativa, mais especificamente, são dois os motivos pelos quais isso ocorre. Primeiramente, porque o departamento responsável pela geração de receita no curto e no médio prazos é precisamente o de vendas, que negocia todos os dias com os clientes. Em segundo lugar, porque, no imaginário brasileiro, sempre houve uma "leitura" do próprio vendedor brasileiro como sendo mais "um artista" do que um técnico (MOTTA; SANTOS; SERRALVO, 2008).

Os programas de GQT em vendas, no entanto, rompem com o paradigma de vendedor que compõe esse imaginário, estabelecendo metas de desempenho objetivas para os vendedores da empresa que implementa o programa. Mais ainda: para assegurar que as vendas sejam efetuadas com a máxima qualidade possível – com a qualidade total –, os gerentes, vendedores e demais participantes dos processos de vendas passam a ser avaliados também pelo eficiente cumprimento dos processos-chave (MOTTA; CORÁ, 2017).

Tarefas como visitar todos os clientes da carteira, respeitar o orçamento disponível para realizar as vendas do mês, assegurar que os produtos sejam armazenados de forma a preservar sua qualidade antes da aquisição do consumidor final, comercializar os produtos a ótimos preços para o consumidor e efetuar um planejamento de trabalho com a melhor relação custo-benefício são exemplos de processos que passaram a ser avaliados dentro dos programas de GQT em vendas da indústria de bens de consumo não duráveis.

Assim, no que diz respeito à forma de se trabalhar, essa foi uma grande mudança pela qual as empresas brasileiras passaram, sendo que, com o tempo, visando a assegurar a implementação efetiva desse tipo de programa, a remuneração das equipes começou a ser atrelada ao seu desempenho dentro dele.

Quanto a esse desempenho, cumpre acrescentar que, ainda que esses programas tenham um objetivo bem definido e que tenham sido elaborados a partir de pesquisas e modernas técnicas de qualidade e gestão, eles recebem uma "roupagem" motivacional, com denominações e ícones inspiradores, no propósito de que seja aumentada a sua adesão por parte dos vendedores, motivando-os a desenvolver um trabalho que se caracterize por uma qualidade cada vez maior (MOTTA; CORÁ, 2017).

Ao estudar os cursos oferecidos e a literatura disponível sobre a GQT, no entanto, observa-se que, assim como destacado por Day (1994), eles se concentram nos processos fabris. Dessa forma, dada a relevância que os programas de GQT em vendas adquiriram nos últimos anos, é necessário entendê-los com mais profundidade, inclusive no que se refere ao modo como os trabalhadores dessa área são por eles impactados no que envolve diretamente a sua atuação.

2.4 TRAGTENBERG E A *BUROCRACIA E IDEOLOGIA*

Conforme se antecipou na introdução deste capítulo, o desenvolvimento da fundamentação teórica desta pesquisa se encerra com a crítica de Tragtenberg (1977) à burocracia e às teorias da administração, extraída de

Burocracia e ideologia. Trata-se de uma crítica a partir da qual se tornaria possível analisar os resultados da implementação do programa de GQT em vendas na perspectiva dos trabalhadores cuja atuação foi diretamente por ele impactada, mediante a aplicação de uma abordagem metodológica determinada – a do grupo focal, já pincelada na introdução desta obra.

Neto de judeus ucranianos, Maurício Tragtenberg nasceu no Rio Grande do Sul. Machado e Valverde (2016) relatam que, durante infância e adolescência, fosse em seu estado natal ou em São Paulo, ele não cursou a escola de forma regular, mas participou de discussões nas ruas com representantes dos movimentos operários e sindicais. Tragtenberg lia muito, a princípio de forma desordenada, até se aproximar da família Abramo, que o apresentou a textos socialistas. Entre discussões, leituras, atuações nos movimentos sindicais e partidários – entre as quais a expulsão do Partido Comunista Brasileiro (PCB), o que prenunciava as críticas que faria em sua obra dedicada à burocracia, comprometendo a experiência comunista –, seguiu seus estudos de forma pouco ortodoxa, conforme ele mesmo apresentou em seu memorial:

> Apesar de uma "formação" não convencional e de uma trajetória pós-graduada não convencional, também acredita o candidato ter conseguido acumular um mínimo de "capital cultural" para lidar com o ensino e pesquisa acadêmicos e manter uma atividade extra-acadêmica dirigida aos trabalhadores através de uma coluna sindical na imprensa diária paulista (TRAGTENBERG, 1991, p. 79).

Tragtenberg se graduou em História na Universidade de São Paulo (USP) em 1960. Iniciou sua vida profissional nas carreiras de jornalista e professor – esta, a princípio, de ensino fundamental e, depois, de ensino superior –, ainda que ambas viessem a ser prejudicadas pela perseguição do Regime Militar que se iniciava no Brasil. Foi primeiramente na Pontifícia Universidade Católica de São Paulo (PUC-SP), depois na Escola de Administração de Empresas de São Paulo da Fundação Getulio Vargas (EAESP-FGV) e, por fim, na Universidade Estadual de Campinas

(Unicamp) que encontrou guarida e pôde dar prosseguimento à sua trajetória acadêmica, obtendo o doutorado em Ciências Sociais na USP em 1973. Sua tese foi publicada posteriormente em forma de livro, com o título *Burocracia e ideologia*. De acordo com o que relata em seu memorial:

> [...] O ano de 1964 não existiu enquanto produção intelectual. Foi a época em que tive um esgotamento nervoso e fiquei internado no Instituto Aché durante 90 dias. Porém isso me fora muito útil, pois, se eu fora demitido dos cargos docentes, através do AI de 1964, a 09.10.64, pude observar e analisar o poder médico num hospital psiquiátrico tradicional e a burocratização da prática médica. Isso ampliou minha visão de poder e burocracia nas instituições, que se iniciara quando escriturário no Departamento das Águas.
> Mais do que isso, solicitei livros à minha mulher, pude lê-los com a aquiescência médica e durante esses 90 dias estruturei as linhas gerais da minha tese de doutorado, o que defenderia na área de Política da USP, *Burocracia e Ideologia* (TRAGTENBERG, 1991, p. 85).

Segundo Machado e Valverde (2016, p. 41),

> Maurício foi um intelectual descolonizado. Sua formação de autodidata lhe deu forte característica de não se curvar aos modismos, europeus ou caboclos, muito menos de entrar em igrejinhas e seitas acadêmicas, que aparecem e somem como vieram.

Escreveu sobre administração, educação, literatura, sociologia, vida acadêmica, entre outros temas. Em todos os seus escritos, manteve o viés crítico e desafiador. Sua formação heterodoxa, fundamentada no marxismo, na política e na sociologia, fez com que, desde seu primeiro livro, Tragtenberg construísse um pensamento original. Prestes Motta (2001, p. 64) o descreveu como "não apenas um grande sociólogo, mas também um dos fundadores mundiais da teoria crítica das organizações, hoje um campo prolífero em vários países".

Tragtenberg faleceu precocemente em 1998, então professor da PUC-SP, o que não o impediu de ser ainda um dos autores mais referenciados nos Estudos Críticos em Administração (ECAs) brasileiros até os dias atuais.

Em *Burocracia e ideologia* (TRAGTENBERG, 1977), o autor analisa a burocracia como classe e como elemento de dominação. A obra se inicia com uma análise do modo de produção asiático. Primeiramente, ele conceitua burocracia a partir da abordagem hegeliana e demonstra que, desde as suas primeiras manifestações nas sociedades asiáticas da antiguidade até os tempos recentes, a burocracia exerce seu papel de dominância e de exploração das classes trabalhadoras em prol do detentor do poder político, um déspota nessas sociedades. Nas sociedades – como a chinesa, a egípcia, a indiana e a russa –, o Estado é o principal proprietário das terras. Com a cobrança de impostos, que representam a extração de mais-valia das aldeias, o déspota pode contratar uma burocracia que o auxilia não somente na cobrança desses impostos, como também na realização de obras públicas.

Com o decorrer do tempo, a burocracia passa a ser uma classe independente, responsável pela manutenção e prosperidade do regime despótico e com interesses próprios. Seu desenvolvimento é feito através do *ethos* burocrático, em que predominam o formalismo, a boa formação e a racionalidade, cujos representantes, por excelência, são os mandarins chineses.

Com o desenvolvimento do capitalismo no ocidente, a burocratização – como forma de controle e desenvolvimento – migra do Estado para a organização privada. Após a Segunda Revolução Industrial, segundo Mason (2017, p. 135),

> Por todo o mundo desenvolvido, o novo paradigma técnico-econômico era claro, mesmo que cada país tivesse sua própria versão dele.[12] A produção em massa padronizada – com salários altos o bastante para impulsionar o consumo do que as fábricas produziam – expandiu-se por toda a sociedade.

---

12 No século XX, ainda que durante o comunismo, as organizações produtivas eram controladas pelo Estado; logo, o mesmo corpo burocrático estendia a sua dominação ao Estado e às empresas.

Para alavancar esse novo modelo econômico, surgem, no início do século XX, os primeiros teóricos da administração.

Para Tragtenberg (1977, p. 71),

> [...] a grande empresa por suas dimensões e influência monopolística no mercado permite planejamento a longo prazo da produção... a grande divisão do trabalho entre os que pensam e os que executam se realiza na grande empresa. Aqueles fixam o progresso da produção, descrevem os cargos, fixam funções, estudam métodos de administração e normas de trabalho.

Prestes Motta (1985) contribui para a compreensão trazida por Tragtenberg ao se referir à transformação sofrida pelas organizações a partir de relações de poder, de controle e de alienação legitimadas pela divisão entre dirigentes e dirigidos, atribuindo funções estratégicas separadas, de acordo com a lógica e as necessidades da sociedade burocrática.

O primeiro pensador da administração científica criticado por Tragtenberg foi Frederick Winslow Taylor que, a partir de estudos de tempos e movimentos já sumarizados nas seções dedicadas à introdução e à base teórica deste livro, definiu padrões que deveriam ser obtidos pelos trabalhadores em cada uma das etapas da produção. O foco dessa abordagem está na forma como as tarefas são realizadas, e não no porquê. Para Tragtenberg (1977, p. 72), Taylor estabeleceu que

> os que executam devem ajustar-se aos cargos descritos e às normas de desempenho. Aí a capacidade do operário tem um valor secundário: o essencial é a tarefa de planejamento. A especialização extrema do operário, no esquema de Taylor, torna supérflua sua qualificação.

Portanto, a burocracia, a partir da premissa taylorista, legitima seu papel de dominação sobre a massa de trabalhadores:[13]

---

13 Conforme pontuado anteriormente nesta obra, Tragtenberg (1977) é um autor que se refere a "trabalhadores", mesmo termo empregado neste livro para fazer menção aos promotores de vendas

É muito importante salientar que o papel das organizações burocráticas não é apenas produzir bens, capital, serviços, pessoas, nem mesmo ideias e imagens. O papel social das organizações burocráticas também não se detém a reproduzir a mão de obra, ou a força de trabalho, por meio do salário que garante sua sobrevivência. O papel das organizações burocráticas vai além mesmo da reprodução das desigualdades sociais e culturais. O papel das organizações burocráticas se manifesta concretamente no exercício do controle social que se torna possível pelas relações de poder, que são sempre relações entre desiguais (PRESTES MOTTA, 1985, p. 44).

Na abordagem crítica apresentada por Tragtenberg (1977) e reiterada por Prestes Motta (1985), a adoção de um modelo burocrático de organizações e – consequentemente – de sociedade é uma escolha ideológica de reprodução do controle e de dominação, enfraquecendo a função social do trabalhador, na medida em que ele mesmo se aliena de seu papel no processo produtivo.

Outro pensador da administração científica, Fayol, inspirado na lógica militar, também já referenciado neste trabalho, complementa a teoria de Taylor, enfatizando a unidade do comando, sustentado por hierarquia e disciplina rígidas, em que o papel do burocrata era prever, organizar, comandar e controlar os trabalhadores a ele subordinados. É nesse modelo, segundo Tragtenberg (1977), que surge a alienação do trabalho, passando, agora, a ser definido por um conjunto de regras e tarefas. Isso gera insatisfação pela mediocridade das atribuições assumidas e, também, em razão dos menores salários, perante a falta de especialização nas áreas determinadas, tão necessária para a realização das atividades.

Como resposta à organização sindical das classes trabalhadoras, que passam a buscar melhores condições de trabalho, a burocracia elegerá na década de 1920 a Escola de Relações Humanas, representada por Elton

---

e merchandising e aos vendedores, que consistem justamente nos profissionais cuja atuação foi diretamente impactada pela implementação do programa de GQT em vendas nas empresas analisadas.

Mayo, como alternativa ao conflito. Outrossim, Mayo reforça ainda mais a burocracia, legitimando-a como uma elite administrativa dominante, e, por meio da psicologia, procura estabelecer a harmonia administrativa, utilizando estímulos variados, como maior tempo de descanso e alguns símbolos de prestígio para reduzir a tensão existente nas organizações.

Prestes Motta (1985) aponta que a hierarquia burocrática se sustenta na divisão entre os que planejam e os que executam, entre os dirigentes e os dirigidos, percebendo-se nessa dinâmica uma reprodução do capital, que segue a mesma ordem, a fim de criar uma divisão do trabalho e da hierarquia como determinantes da estratégia capitalista.

Finalmente, Tragtenberg (1977) apresenta Weber, contextualizando a obra do pensador no período histórico em que viveu – a segunda metade do século XIX e o início do século XX –, quando a Alemanha passou por acelerado processo de industrialização, conduzido pela burocracia, tanto no âmbito do Estado como no das organizações.

Weber (1944), que, junto a Durkheim e Marx, é considerado um dos fundadores da Sociologia, escreveu que o objeto de estudo dessa área é a ação social, propondo-se a estudá-la, ainda que, para melhor entendimento da realidade social, seja necessária a elaboração de tipos ideais que, se não existem de fato, representam um conjunto significativo da população.

Em função do avanço do capitalismo, a burocracia – que domina o Estado e as organizações – incentiva a racionalização: "racionalizar o trabalho significa aumentar a mais-valia, isto é, a mais-valia que se obtém com a intensificação do trabalho" (PRESTES MOTTA, 1985, p. 21).

Para Moraes, Maestro Filho e Dias (2003, p. 66):

> Weber entendia a burocracia como um tipo de poder, igualada à organização, considerada como um sistema racional onde a divisão do trabalho se processa racionalmente em função dos fins propostos, no qual predomina a ação racional burocrática que demanda coerência da relação entre meios e fins (objetivos estabelecidos). Além disso, ele entendia que a burocracia implicava predomínio do formalismo, da existência de normas escritas, da estrutura hierárquica, da divisão horizontal

e vertical do trabalho e, finalmente, da impessoalidade do recrutamento de pessoal.

Tragtenberg (1977) insiste que Weber não pode ser culpado pela burocracia exercer um papel opressor e alienante, que ele não foi seu ideólogo, mas, sim, o primeiro a descrevê-la a partir de uma perspectiva sociológica.

Crítico implacável da burocracia e de sua dominação, causadora de alienação, sofrimento e vida sem autonomia, Tragtenberg demonstra em seu primeiro livro como a Teoria da Administração foi construída de forma a legitimar e fortalecer a posição dos burocratas. E utiliza o pensamento sociológico para tanto – em especial, os de Marx e Weber. Como escreveu,

> [...] a teoria da administração, até hoje, reproduz as condições de opressão do homem pelo homem; seu discurso muda em função das determinações sociais. Apresenta seus enunciados parciais (restritos a um momento dado do processo capitalista de produção) tornando absolutas as formas hierárquicas de burocracia de empresa capitalista ou coletivista burocrática onde capital é encarado como bem de produção, inerente ao processo produtivo, trabalho complemento do capital, a maximização do lucro objetivo da empresa, burocracia hierárquica, expressão natural da divisão do trabalho. A teoria geral da administração dissimula a historicidade de suas categorias que são inteligíveis num modo de produção historicamente delimitado, são como expressão abstrata de relações sociais concretas, fundadas na apropriação privada dos meios de produção, que permitem a conversão do negro em escravo, a emergência do príncipe no pré-capitalismo, do burguês após a revolução comercial, do cidadão na revolução francesa e do quadro no burocratismo soviético (TRAGTENBERG, 1977, p. 216).

Parte-se, então, da compreensão de que as teorias que suportam o campo da administração são frutos de contextos históricos demarcados, nos quais faz sentido a incorporação ideológica de uma sociedade de organização em que essas teorias têm papel de controle e dominação, fazendo o trabalhador criar uma relação de dependência e alienação, a fim de que se possa garantir a ordem e a manutenção de uma sociedade capitalista para produzir e consumir cada vez mais.

A alternativa proposta por Tragtenberg – a desconstrução desse modelo de administração social-ideológico da burocracia – seria a autogestão, com base na qual o autor defende a organização como um todo, feita por representações. Assim, as decisões devem ser tomadas a partir da discussão das bases até chegar aos níveis hierárquicos superiores, constituindo organismos de deliberação que venham a expressar o pensamento e o interesse coletivo.

É a partir da crítica à burocracia e às teorias da administração, realizada por Tragtenberg em *Burocracia e ideologia*, combinada com a pesquisa efetuada, que será analisada uma das melhores práticas consolidadas na teoria convencional da administração, a GQT. Especificamente, a pesquisa efetuada compreenderá três características apontadas no livro e como elas se manifestam no programa de GQT em vendas da empresa por meio da qual se deu o primeiro estudo de caso:

I. a realização de atividades predefinidas e padronizadas – abordadas quando o autor fala sobre a administração científica, em especial dos estudos de Taylor;
II. o domínio da burocracia e o impacto que isso causa aos trabalhadores – que se encontra descrito, principalmente, quando Tragtenberg analisa a obra de Weber;
III. o foco na eficiência e nos resultados – que todos os autores da Teoria de Administração estudados no livro (Taylor, Fayol e Mayo) privilegiam na sua abordagem e que é também o objetivo final da burocracia, tal como a descreveu Weber.

Para viabilizar a análise dessas características, foi adotado o grupo focal, terceira abordagem do conjunto de metodologias já apresentado e que será retomada no sétimo capítulo.

QUESTÕES

1. Após a Segunda Guerra Mundial, os Estados Unidos, movidos pelo objetivo de contribuir com a reconstrução do Japão, buscaram implementar programas de GQT nas indústrias japonesas, uma vez que os produtos e serviços encontrados no país asiático apresentavam qualidade inferior àquela a que os norte-americanos estavam acostumados. A partir daí, o Japão desenvolveu o seu próprio modelo de GQT.
Cite os três aspectos mencionados no texto que são diferentes no modelo japonês, em comparação ao modelo norte-americano.

2. Cite os dois principais motivos que levaram as empresas a implementar programas de GQT em vendas.

3. A implementação de programas de GQT em vendas procurava romper com um paradigma encontrado na atividade de vendas. Explique qual era/é esse paradigma.

4. Cite três processos-chave que são acompanhados nos programas de GQT em vendas.

5. No último tópico deste capítulo é abordada a crítica de Tragtenberg (1977) à burocracia. Qual foi a proposta apresentada por ele como alternativa ao modelo burocrático?

CAPÍTULO 3:

AS MOTIVAÇÕES, O MÉTODO DE IMPLEMENTAÇÃO E A PERCEPÇÃO DOS COLABORADORES EM QUINZE EMPRESAS

Conforme registrado na introdução desta obra a propósito dos três métodos de pesquisa adotados a fim de se compreender a implementação do programa de GQT em vendas na indústria brasileira de bens de consumo não duráveis, todas as quinze empresas que compuseram a amostra do primeiro método – o estudo fenomenológico – contavam com esse tipo de programa. Os programas por elas adotados, no entanto, não se apresentavam sob um único nome: entre outros, chamavam-se, por exemplo, "programa de excelência em vendas", "manual de vendas" ou "programa de gestão de vendas". Independentemente do nome utilizado, quase todos eles detinham as mesmas características, o que permitiu defini-los, ao final, como programas de GQT em vendas.

Ainda em relação a essa primeira etapa do estudo, importa também recuperar aqui a informação de que cada uma dessas empresas não apenas disponibilizou o acesso aos documentos que compunham seu programa (manuais, apresentações, comunicação escrita), como também autorizou que os seus colaboradores (portanto, os presidentes, diretores comerciais e gerentes de vendas, que lideravam a gestão do seu programa de GQT em vendas, assim como os consultores que o implementaram) participassem de uma entrevista com um dos pesquisadores deste trabalho – no caso, Motta. Além disso, esses executivos também foram acompanhados na sua rotina para a gestão do programa de GQT em vendas, oportunidades nas quais esse autor atuou como um não participante observador.

Os resultados que seguem advêm, portanto, de um total de 45 entrevistas e 45 observações de campo, tendo sido elaborados a partir da triangulação das fontes de dados, da verificação das anotações junto aos entrevistados já referidos, da utilização de uma descrição densa dos resultados, do esclarecimento do viés do pesquisador, do compartilhamento das informações discrepantes ou negativas e da revisão do conteúdo por pessoas independentes.

No que se refere à organização deste capítulo, são primeiramente abrangidos os resultados relativos às motivações (3.1); depois, ao método de implementação do programa de GQT em vendas distinguido em seus aspectos comuns a quase todas essas empresas (3.2); e, por fim, aos resultados dessa implementação no que diz respeito às metas, aos processos-chave e à percepção dos colaboradores (3.3).

3.1 AS MOTIVAÇÕES PARA A IMPLEMENTAÇÃO DOS PROGRAMAS

A fim de que os resultados associados às motivações das empresas analisadas para a implementação do programa de GQT em vendas não fossem tomados dissociadamente do contexto no qual elas emergiram, entendeu-se a pertinência da retomada dos desafios elencados no Quadro 16 do Capítulo 1, com os quais é possível estabelecer um paralelo, uma vez que, se de um lado são três os desafios atuais já abordados no primeiro capítulo deste livro, também são três as motivações aqui identificadas, conforme demonstra o Quadro 23.

QUADRO 23 – DESAFIOS E MOTIVAÇÕES PARA A IMPLEMENTAÇÃO DO PROGRAMA PELAS EMPRESAS

Atuais desafios enfrentados pela indústria de bens de consumo não duráveis	Motivações para a implementação do programa de GQT em vendas nas empresas dessa indústria
1. Crise econômica e política[14]	1. Melhorar a receita
2. Consumidores cada vez mais exigentes	2. Melhorar a rentabilidade
3. Alta competitividade	3. Eleger e avaliar o cumprimento de processos-chave

Fonte: Desenvolvido pelos autores (2019).

Em todas as empresas nas quais o estudo foi viabilizado, pôde-se observar três motivações principais para a implementação de um programa de GQT em vendas; entre elas, a melhoria da receita foi a primeira.

Assim, a começar pelo seu líder – ou líderes –, quando essas empresas implementaram um programa de GQT em vendas, todas tinham como motivação a melhoria da receita, sendo esse um ponto particularmente impactante em empresas no Brasil – país que, nos anos recentes, já vinha demonstrando uma economia instável e algumas vezes com tendência de queda no consumo, sendo essa uma condição que seria posteriormente ainda mais agravada, com a pandemia de covid-19 a partir de março de 2020.

Em vista disso, a necessidade de atingir as metas fez com que essas empresas levassem em consideração não apenas o crescimento orgânico, como também o esforço a fim de que superassem essas metas e, assim, entregassem uma receita melhor do que o crescimento do mercado – o que implica o ganho de participação de mercado em muitas situações. Como ressaltou um dos respondentes:

---

14   Aqui, diferentemente do que se verifica no Quadro 7 do Capítulo 1, o desafio referente à crise econômica e política surge em primeiro lugar, não obstante ter sido lá elencado em terceiro e último, por se tratar do acontecimento mais recente em relação aos demais. Essa inversão na ordem, no entanto, justifica-se pelo fato de que, agora, a ênfase recai sobre as motivações para que a implementação do programa se efetivasse, sendo que a primeira motivação surge associada justamente à instabilidade da economia, conforme é explicitado logo adiante no texto.

Juntar uma equipe vencedora a marcas poderosas e varejistas satisfeitos é o plano que temos para vencer todas as dificuldades e entregar os resultados prometidos, ou até superá-los, construindo, assim, uma empresa vencedora, em que toda a sua cadeia é beneficiada com o aumento da receita – do produtor ao consumidor final.

Além disso, uma vez que o crescimento da receita não era a única motivação para a implementação de um programa de GQT em vendas, verificou-se igualmente que, para essas quinze empresas, não bastava vender qualquer produto. Isso porque, muitas vezes, podiam ser comercializados produtos cujas vendas, mesmo sendo relevantes, não ofereciam a rentabilidade almejada pela empresa; ou, ainda, os produtos podiam ser vendidos com descontos excessivos – o que os tornava menos rentáveis para ela. O programa, portanto, foi constituído para viabilizar não apenas uma receita igual ou superior à esperada, como foi assinalado anteriormente, mas também maior rentabilidade, a qual deveria ser melhor do que aquela alcançada sem a constituição do programa.

Logo, as metas para as vendas totais e para os produtos mais rentáveis foram estabelecidas sob essa orientação – ou, então, os produtos deveriam ser vendidos com menos descontos do que os demais. Trata-se de um critério que, de acordo com o que se observou, variou entre as empresas; no geral, contudo, constatou-se que a busca por melhor rentabilidade foi necessária para justificar a implementação de um programa que demandava tempo e esforço por parte delas. Um dos executivos explicou melhor:

> A empresa superava constantemente suas metas e a equipe ganhava a sua remuneração variável. Todavia, tínhamos prejuízo todos os anos. Com o programa de GQT em vendas, passamos a avaliar e a remunerar a equipe não apenas pelo atingimento das vendas totais, como também pelo atingimento das metas dos produtos mais rentáveis, o que aumentou a rentabilidade ano após ano. Hoje, três anos após a implementação do programa, temos uma receita total semelhante à que tínhamos antes; em contrapartida, temos 10% de rentabilidade, o que nunca havíamos obtido antes.

Por fim, o que se averiguou nas entrevistas realizadas foi que, embora a GQT seja um conceito difundido nas empresas, ela também é especialmente dedicada, majoritariamente, à área de produção, de modo que, antes da constituição do programa por parte dessas quinze empresas, pouco ou nenhum esforço foi despendido na padronização das atividades de vendas – o que deixava sob a responsabilidade dos próprios vendedores a tarefa de vender os produtos. E, por extensão, dada essa condição, acabava ocorrendo uma alta variação entre os resultados obtidos individualmente por esses profissionais. Nesse contexto, então, o programa de GQT em vendas não apenas contribuiria para a melhoria da receita e da rentabilidade, como também elegeria e avaliaria o cumprimento de processos-chave que permitiriam que cada vendedor realizasse suas atividades de forma padronizada em relação aos demais, destacando-se aí a terceira motivação para a implementação do programa.

Essa padronização, vale acrescentar, foi elaborada a partir de estudos provenientes das próprias empresas no que se refere às melhores práticas de vendas, envolvendo empresas pesquisadas quando da implementação do programa. A esse respeito, um dos entrevistados exemplificou:

> Antes do programa de GQT em vendas, a equipe de vendas passava a maior parte do tempo nas centrais dos supermercados. Com isso, muitas vezes chegava despreparada para as negociações, pois não visitava as lojas dos supermercados e, assim, não sabia quais eram os produtos que estavam vendendo mais, quais os produtos que estavam sendo promocionados e quais estavam bem executados nas lojas. A partir dessa constatação, pesquisamos o que outras empresas faziam e definimos que cada vendedor deveria, além das negociações nas centrais, visitar pelo menos quarenta lojas por mês. Com isso, rapidamente começamos a fazer vendas mais assertivas e, ainda, nossos vendedores passaram a ser mais respeitados pelos compradores dos varejistas, que identificam, na nossa equipe, profissionais que sabem o que acontece na loja.

Uma vez identificados os três fatores que motivaram essas quinze empresas da indústria de bens de consumo não duráveis a implementar um programa de GQT em vendas, serão contemplados a seguir os doze aspectos que foram considerados durante a elaboração e a implementação do programa.

3.2 O MÉTODO DE IMPLEMENTAÇÃO DOS PROGRAMAS

Conforme já assinalado, acerca do método de implementação analisado nos programas de GQT em vendas das quinze empresas participantes do estudo, foram identificados doze aspectos comuns a quase todos esses programas, os quais se encontram elencados no Quadro 24.

QUADRO 24 – IMPLEMENTAÇÃO DO PROGRAMA: ASPECTOS COMUNS À MAIORIA DAS EMPRESAS

1	O programa de GQT em vendas foi uma iniciativa da liderança da empresa.
2	Os temas desses programas visavam a esclarecer a mensagem e a motivar a equipe.
3	Nesses programas de GQT em vendas, havia um foco na melhoria da competitividade do negócio.
4	Foram elaborados indicadores de desempenho para os processos-chave e para as vendas realizadas.
5	O programa de GQT em vendas abrangeu todos os membros da equipe comercial.
6	Clientes-chave também participaram do programa de GQT em vendas.
7	O programa devia ter os seus objetivos alinhados com o calendário da empresa que o implementou.
8	A remuneração da equipe devia ser associada ao programa.
9	A tecnologia cumpriu um papel relevante no programa de GQT em vendas.
10	O treinamento contínuo foi necessário para o sucesso do programa.
11	O programa devia ser controlado e auditado permanentemente.
12	O programa necessitava de constantes revisões.

Fonte: Desenvolvido pelos autores (2019).

Na sequência, cada um desses aspectos será apresentado detalhadamente em subitens específicos.

3.2.1 O PROGRAMA DE GQT EM VENDAS FOI UMA INICIATIVA DA LIDERANÇA DA EMPRESA

No que diz respeito à iniciativa de implementar o programa de GQT em vendas em cada uma dessas empresas, em primeiro lugar verificou-se que a decisão sobre essa implementação se deu por parte da diretoria da empresa – na maioria das vezes, da própria presidência.

Conforme foi possível observar, os programas analisados decorreram, invariavelmente, de uma carta redigida pelo presidente e pelos diretores comerciais, na qual eles inicialmente apresentaram os objetivos do programa, passando à relevância dele para a organização e, ao final, convocando todos os profissionais da área comercial da empresa a se dedicarem ao máximo para o sucesso da iniciativa nesse departamento.

Além da carta, também se averiguou que os diretores comerciais participaram não só da elaboração do material, como também da sua comunicação e do treinamento para a equipe, sendo que essas atuações ocorreram de modo presencial – como nos eventos de lançamento – e virtual – por meio de e-mails, mensagens, vídeos e/ou outras vias que permitiram que a mensagem desejada chegasse até os seus respectivos interlocutores da maneira mais efetiva possível.

Em uma das empresas pesquisadas, o presidente solicitou sua inclusão no escopo do programa, ao que foi prontamente atendido. Em seu depoimento, estimou:

> Quero ter metas e realizar ao longo do mês processos-chave para melhorar a performance comercial. Isso não só vai melhorar meu desempenho e o da empresa, como também servirá como exemplo para todos darem a devida importância e atenção ao programa.

3.2.2 OS TEMAS DOS PROGRAMAS VISAVAM A ELUCIDAR A MENSAGEM E A MOTIVAR A EQUIPE

Embora essa observação não se aplique a todos os programas aqui estudados, outro aspecto a ser contemplado acerca das motivações e do modo como o programa de GQT em vendas foi implementado nessas empresas diz respeito aos temas incorporados aos programas, os quais a maioria delas veiculou por meio de logos, *slogans* e outras peças de comunicação, como sites, vídeos, blogues, manuais e demais itens de papelaria. Nesse caso, verificou-se que, por meio de temas variados – como "Feras", "Águias", "Faixas-Preta", "Tropa de Elite", "Lutadores do UFC", "Pitbull", entre outros –, havia a intenção de que aquilo que efetivamente se esperava como resultado da equipe fosse transmitido de forma lúdica e encorajadora.

Tal como foi possível aferir, todos os temas, em comum, buscavam inspirar a equipe no sentido de que ela estivesse motivada e comprometida com a meta estabelecida – aspecto que será tratado logo a seguir. Para sustentar esses temas durante a vigência do programa, eles foram lançados e apresentados às equipes por alguém que tanto podia ser um notório especialista quanto um ícone do tema em questão – por exemplo, um treinador de animais acompanhado do próprio animal, um mestre em artes marciais, um campeão de luta ou um oficial das forças policiais. Esses especialistas foram convidados e treinados para apresentar o tema do programa, descrevendo a própria experiência com esse tema e tecendo analogias entre ele e os desafios que os profissionais da área comercial enfrentariam durante a execução da sua atividade.

De acordo com um dos entrevistados, essa iniciativa não só era benéfica em relação à sua atuação no trabalho, como ainda se estendia para além dela:

> O mestre de artes marciais que é o ícone do programa nos motiva e nos inspira a superarmos não só as metas do programa, como também a nos tornarmos pessoas melhores em todos os campos de nossas vidas.

3.2.3 NOS PROGRAMAS DE GQT EM VENDAS, HAVIA UM FOCO NA MELHORIA DA COMPETITIVIDADE DO NEGÓCIO

Conforme se observou a partir dos materiais obtidos, todos os programas de GQT em vendas se desenvolveram em torno de uma vantagem competitiva sustentável para as empresas que os implementaram. Trata-se de uma característica que pôde ser distinguida quando elas estabeleceram as metas para esse programa, por meio das quais buscaram alcançar um resultado que pode ser sintetizado pela seguinte fórmula:

> Melhora do seu desempenho comercial
>
> vs.
>
> Seu histórico pregresso
>
> vs.
>
> Concorrência

Tal aspecto vale para todos os indicadores de desempenho que serão apresentados ao longo desta primeira etapa do estudo.

Além de se estabelecer como uma condição inerente às relações entre as próprias empresas, a questão da competitividade também pautou o programa de GQT em outras dimensões. Exemplo disso foi que, quando a equipe passou a ter seu desempenho avaliado e quantificado de forma regular, foram estabelecidos *rankings* que acabaram, naturalmente, destacando os profissionais que tinham o melhor e o pior desempenho na área. Houve, no entanto, uma preocupação das empresas em não apresentar esse *ranking* como uma medida punitiva aos que estavam ocupando as posições inferiores. Isso porque, no lugar de dispensar aqueles com baixo desempenho, elas visavam, na verdade, ao reconhecimento daqueles resultados classificados como excelentes e, em relação aos menos satisfatórios ou insatisfatórios, à oferta de ferramentas de orientação, treinamento e motivação para que esses demais profissionais também pudessem alcançar um desempenho melhor.

Um dos gerentes de vendas que participavam de um dos programas pesquisados foi enfático no que se referia a esse foco:

> Meu objetivo é sermos a equipe número um. Queremos atingir todas as metas do programa e ser reconhecidos como os melhores profissionais de vendas da empresa. Com o programa, é possível que a empresa avalie todos de forma justa. Depende de cada um.

3.2.4 FORAM ELABORADOS INDICADORES DE DESEMPENHO PARA OS PROCESSOS-CHAVE E PARA AS VENDAS REALIZADAS

Antes da implementação dos programas de GQT em vendas, todas as empresas da indústria de bens de consumo não duráveis participantes da pesquisa já avaliavam a equipe de acordo com os resultados. À parte algumas raras exceções, esses resultados correspondiam principalmente à superação de objetivos de receita e/ou de volume efetivamente vendido. Uma vez implementados, os programas não excluiriam esse indicador do programa (indicador que, na maioria dos programas, apresentava o maior peso relativo): na realidade, sua ação consistia em qualificá-lo, avaliando, por exemplo, não apenas as vendas totais, mas também a venda por categoria de produtos, por canal de distribuição, por cliente ou ao longo do mês (faseamento de vendas).

Com os referidos programas, além da qualificação desse indicador, foram também observados processos-chave que permitiam que os resultados fossem obtidos de forma mais previsível e contínua. Para identificar esses processos-chave, foram estudados outros programas similares aos quais as empresas tiveram acesso, foram realizadas entrevistas com os membros da equipe que obtiveram o melhor resultado (a fim de que fosse possível distinguir as melhores práticas), bem como foram pesquisados os materiais disponíveis em universidades.

Um diretor comercial que liderou a implementação do programa em uma das empresas forneceu o seguinte depoimento:

> No princípio, havia um temor da equipe de vendas de que o programa iria engessar e burocratizar sua atuação. À medida, porém, que os processos foram definidos e implementados, todos começaram a ter uma melhor performance – em especial, os recém-contratados, que entravam na empresa já sabendo o que se esperava deles. Hoje, esse tipo de temor não existe mais, e estão todos comprometidos com o programa.

Nessa etapa, todavia, cabe uma ressalva importante, tendo em vista que, uma vez que a ênfase em relação aos programas dessa natureza recai sobre a busca por um desempenho competitivo superior, deve-se tomar cuidado para que nem seu arcabouço conceitual tampouco suas definições sejam tratados de forma rápida e superficial.

Consoante o que a análise permitiu constatar, alguns dos programas mais bem-sucedidos aqui estudados foram aqueles nos quais mais se investiram tempo e esforço na apresentação dos conceitos da qualidade total e na explicação dos processos-chave acompanhados. Isso se deu porque, a partir do real entendimento dos fundamentos do programa, a equipe não só se sentiu mais comprometida com ele, como também compreendeu os benefícios que esse programa passaria a oferecer para o melhor desempenho do próprio trabalho.

3.2.5 O PROGRAMA DE GQT EM VENDAS ABRANGEU TODOS OS MEMBROS DA EQUIPE COMERCIAL

A qualidade total não é um resultado que deve ser almejado e viabilizado exclusivamente pela alta gerência da área comercial: a fim de se ter uma equipe de qualidade, os programas insistiram na necessidade de que todos os integrantes trabalhassem para obter a maior qualidade possível em suas atribuições. Assim, ainda que os processos-chave e as metas não fossem os mesmos para cada uma das empresas que compuseram o estudo, todos os integrantes da equipe – desde os promotores de vendas e merchandising (aqueles que abastecem as gôndolas dos supermercados com os produtos) e os vendedores até os gerentes e os diretores comerciais – deveriam integrar o programa.

Inclusive, por terem o menor nível de escolaridade e o menor treinamento, aqueles que se encontravam nos cargos menos graduados – como promotores de vendas e merchandising e vendedores – foram justamente os mais beneficiados pelo treinamento e pela orientação que o programa de GQT em vendas ofereceu. Alguns programas que enfrentaram dificuldade de implementação foram justamente aqueles formatados exclusivamente para as lideranças da área comercial.

A propósito da redação do programa, especificamente, essa se revelou uma condição que, pelo que foi possível averiguar, deve ser contemplada cuidadosamente: dado que o nível acadêmico e a experiência profissional variavam muito entre os participantes, era preciso que o tema e a linguagem do programa fossem inclusivos, buscando alcançar todos os envolvidos da forma mais adequada e impactante possível, respeitando as características de cada perfil profissional.

No que se refere a essa necessidade de que o programa de GQT em vendas abrangesse todos os membros da equipe comercial, um diretor comercial de uma grande empresa ressaltou:

> Em uma das divisões do grupo, o programa foi implementado apenas para os diretores e gerentes. Com isso, aqueles que mais poderiam se beneficiar, que eram os vendedores e promotores, não foram considerados. Isso foi um grave erro, e o programa não obteve todo o sucesso que se esperava dele. Na nossa divisão, como já tínhamos o exemplo do que não deu certo, fomos mais cuidadosos e envolvemos os vendedores e promotores desde o princípio. Acredito que esse seja o motivo pelo qual o programa foi muito mais bem-sucedido na nossa divisão.

3.2.6 CLIENTES-CHAVE TAMBÉM PARTICIPARAM DO PROGRAMA DE GQT EM VENDAS

Posto que, em sua maioria, as empresas da indústria de bens de consumo não vendem diretamente para o consumidor final, mas que, para tanto, se valem de distribuidores e atacadistas que abastecem os varejistas, a inclusão dos clientes mais relevantes do canal indireto foi uma prática frequente nos programas de GQT em vendas aqui analisados.

Mais especificamente, a análise permitiu observar que distribuidores e atacadistas foram os tipos de clientes mais frequentemente inseridos no programa. Ainda que a comunicação fosse muitas vezes simplificada e resumida, e que existissem menos indicadores para os clientes, o estudo indicou que, nos programas dos quais esses clientes participaram, tanto o próprio desempenho quanto o desempenho do canal como um todo obtiveram melhora, o que se explica pelo alinhamento e pela capacitação oferecidos aos parceiros comerciais.

Um dos gerentes de vendas que participaram do estudo relatou:

> Com a implementação do programa nos distribuidores sob nossa responsabilidade, tivemos dois grandes benefícios. Em primeiro lugar, as nossas metas e a dos distribuidores passaram a ser as mesmas; começamos a trabalhar mais alinhados. Além disso, como o programa demanda que a equipe do distribuidor receba treinamentos todos os meses, com o tempo, a equipe desses distribuidores estava muito mais preparada para oferecer o produto e positivar os clientes atendidos por eles.

O canal integrado com menos frequência ao programa de GQT em vendas foi o varejo, que apresenta uma independência maior em relação à indústria de bens de consumo não duráveis, com a qual também mantém uma relação mais conflituosa, ocorrendo aí frequentes embates por melhores preços e condições comerciais. Esse conflito, no entanto, não deixou de ser um aspecto a ser almejado e trabalhado pelas próprias empresas, uma vez que a integração do varejista no programa integraria toda a cadeia – ou seja, partiria da empresa, passando pelo atacadista e pelo distribuidor, chegando finalmente ao varejista, por meio do qual se alcançaria o consumidor. Nesse caso, com os clientes-chave sendo igualmente incluídos nesse programa, tinham-se todos os envolvidos no processo trabalhando com qualidade, buscando maximizar as vendas dos mesmos produtos.

3.2.7 O PROGRAMA DEVIA TER OS SEUS OBJETIVOS ALINHADOS COM O CALENDÁRIO DA EMPRESA QUE O IMPLEMENTOU

As metas e os processos-chave elaborados para integrar o programa de GQT em vendas precisavam estar alinhados com o calendário da área comercial. Dessa forma, o cumprimento dos objetivos deveria considerar a data necessária para a apuração das metas, permitindo que o alcance dos objetivos viabilizasse, assim, o necessário impacto no resultado.

O período mais frequente para mensurar o desempenho de uma área comercial foi o mês, período em que houve a maior frequência de metas estabelecidas. Em uma das empresas que participaram do estudo, enquanto as metas e os processos-chave deviam ser realizados mensalmente, a remuneração da equipe de vendas era paga trimestralmente. Já com a implementação do programa, as metas, os processos-chave e a remuneração passaram a ser executados mensalmente – uma mudança que, segundo os entrevistados, aumentou o alinhamento de toda a equipe. De acordo com um deles:

> O programa de GQT em vendas, além de diversos outros benefícios, tem um fundamental papel de alinhar o calendário da equipe de vendas com o calendário da empresa. Em muitos casos, a empresa tem metas trimestrais para a remuneração variável, enquanto o calendário de atingimento das metas é mensal. Através do programa, pudemos alinhar toda a equipe de vendas com as metas mensais, assim eliminando o efeito "serrote" (vendas com variações significativas de um mês para o outro), que é muito prejudicial para o processo de previsão de demanda e produção de produtos, o que gera excessos de estoques ou rupturas de produto.

Nesse mesmo contexto, houve também empresas – notadamente, aquelas com o capital aberto – que tiveram no trimestre uma data crítica, pois, após esse intervalo, os resultados são publicados para os acionistas. Logo, houve processos-chave que deveriam levar esse período em consideração. O mesmo também sucedeu em relação ao ano fiscal, outro marco de desempenho da empresa que também devia ser levado em consideração quando fossem mapeados e elaborados os prazos para o atingimento das metas e dos processos-chave.

Não obstante essas datas terem uma conotação mais estratégica, também existiram processos que apresentaram um caráter mais tático, mas não menos relevante para o sucesso da empresa que implementou o programa. Como exemplo, toma-se o abastecimento das gôndolas dos supermercados por parte dos promotores de vendas e merchandising: nesse caso, o abastecimento devia ser feito diariamente; caso contrário, o produto não estaria disponível para que o consumidor o comprasse, o que implicaria que a empresa perderia vendas. Àquele que elabora o programa cabia, então, conhecer quais eram as datas críticas para a empresa que o realizaria. Ainda que muitos processos viessem a ter datas coincidentes, era possível que determinado programa requeresse datas específicas, que não podiam ser desconsideradas.

3.2.8 A REMUNERAÇÃO DA EQUIPE DEVIA SER ASSOCIADA AO PROGRAMA

De acordo com a política da empresa e da lei trabalhista vigente, o salário das equipes comerciais tinha uma parcela fixa e uma parcela variável, que reconhecia e premiava aqueles profissionais que atingiam os objetivos almejados pela empresa para o desempenho da sua função. Trata-se de uma importante ferramenta de gestão, que contribuiu de forma sólida para o sucesso de uma empresa da indústria de bens de consumo. Afinal, se os indicadores de desempenho do programa de GQT em vendas não fossem os mesmos indicadores pelos quais a equipe comercial seria avaliada e receberia a sua parcela de remuneração variável, a implementação desse programa não poderia ser bem-sucedida.

Assim, ao unificar os indicadores de desempenho do programa com os indicadores de remuneração da equipe, o próprio programa e os resultados obtidos (tanto os individuais quanto os da equipe) passaram a ser a ferramenta de remuneração da área comercial. No caso, todas as formas de remuneração variável da equipe deviam ser consideradas e incorporadas ao programa, independentemente de corresponderem a uma parcela variável do salário mensal, trimestral ou anual, sendo que, em se tratando dos executivos mais graduados, o bônus recebido chegava ao valor de vários salários mensais. Esse alinhamento entre a remuneração e o programa não só assegurou o sucesso do próprio programa, como também contribuiu para o maior alinhamento e foco da própria equipe.

Clientes atacadistas e distribuidores também puderam – e precisaram – ser remunerados pelo cumprimento de seus objetivos, de forma a promover o alinhamento entre as expectativas da empresa, o cliente e a sua equipe de vendedores e de promotores de vendas e merchandising. Essa remuneração se deu de diferentes formas, como um prêmio em dinheiro, um desconto maior pelo alcance das metas e pelo cumprimento dos processos-chave, e assim por diante.

Vale ressaltar a pertinência de terem sido elaborados prêmios icônicos para complementar a remuneração variável, isto é, prêmios de relativo baixo custo, mas de alto valor percebido. Pelo cumprimento de metas mais táticas – como o objetivo mensal –, exemplos de prêmios icônicos identificados neste estudo foram diplomas, troféus e medalhas. Uma vez atingidas metas mais estratégicas – como a meta anual –, a equipe e o cliente receberam prêmios mais memoráveis, como viagens e treinamentos especializados.

Um dos diretores comerciais entrevistados relatou que sua equipe era mais motivada pelos prêmios icônicos do que pelos prêmios financeiros (a remuneração variável). Nas palavras dele:

> O dinheiro serve para pagar as contas. Ajuda, é verdade. Mas a obtenção de um diploma é algo que o profissional pode colocar

no currículo, apresentar com orgulho dentro e fora da empresa, sem falar do conhecimento que ele adquire para obtê-lo. E os prêmios anuais que damos aos melhores do programa, que são viagens, são experiências que eles guardam para toda a sua vida, pois jamais realizariam uma viagem como essa se não tivessem sido excelentes dentro do programa.

3.2.9 A TECNOLOGIA CUMPRIU UM PAPEL RELEVANTE NO PROGRAMA DE GQT EM VENDAS

Com as dimensões e complexidades de um país com as características do Brasil, o sucesso no desenvolvimento dos programas de GQT em vendas nessas empresas dependeu da utilização de tecnologia para que se pudessem mensurar os resultados e o cumprimento dos processos-chave de forma bem-sucedida e dentro dos prazos necessários. Dessa forma, a empresa que considerasse a disponibilidade do produto nas gôndolas dos supermercados como exemplo de um processo-chave deveria ser capaz de avaliar se isso estava ocorrendo. Aquelas empresas que, por sua vez, tinham um processo crítico no aumento da distribuição dos seus produtos por meio de atacadistas e distribuidores necessitavam dispor de sistemas interligados com os clientes para monitorar a evolução do número de varejistas que adquiriam seus produtos com esses clientes intermediários.

Além disso, para receber todas as informações referentes aos processos--chave e às metas estabelecidas, os programas requereram ferramentas tecnológicas customizadas e dedicadas a eles. Em vista disso, ainda que a maior parte iniciasse a sua operação com o trabalho de analistas, suportados por planilhas de Excel, o que se verificava ao longo do tempo é que esses programas migravam para softwares customizados, desenvolvidos para receber as informações e apurar os resultados, elaborando *rankings* e avaliações da equipe. Conquanto essas ferramentas tenham sido gerenciadas pelo escritório central das empresas, todos os membros da equipe comercial tinham acesso a elas, o que fez com que não apenas se configurassem como um repositório de informação e de contribuição para com a inteligência do programa, mas com que se tornassem também a principal forma de comunicação dos temas pertinentes entre a empresa e a sua equipe de vendas e merchandising.

No programa do qual participava, um gerente de vendas constatou:

> Carregar as planilhas e as fotos necessárias e enviá-las por correio eletrônico dá muito trabalho e demora muito tempo. Por isso, a empresa está trabalhando em um portal para facilitar esse procedimento, o que dará muita agilidade ao programa e facilitará o trabalho de todos os participantes.

3.2.10 O TREINAMENTO CONTÍNUO FOI NECESSÁRIO PARA O SUCESSO DO PROGRAMA

Ao entrevistar vendedores e líderes de áreas comerciais, observou-se que, arquetipicamente, o trabalho do vendedor estava associado à figura de um "herói", no sentido de que esse profissional recebia uma meta, alguns recursos, e esperava-se que ele simplesmente as superasse.

Embora reconheça a possibilidade de que existam casos excepcionais, a implementação do programa de GQT em vendas reconhece também que uma empresa não será capaz de contratar e reter uma equipe composta somente por profissionais superdotados. Assim, ao se estabelecerem os processos-chave que deviam ser cumpridos, o esperado era que todos os integrantes do departamento trabalhassem em sincronia, realizando as funções necessárias e superando – de forma consistente e sincronizada – os objetivos individuais e globais necessários para que o negócio fosse sustentável.

No caso das quinze empresas, o contínuo treinamento foi necessário não apenas para mudar a cultura e o arquétipo dominante da área comercial (o novo arquétipo, conforme os entrevistados, está mais próximo ao do soldado ou ao do operário, que vence a partir do esforço consistente e padronizado), como também para uniformizar as práticas comerciais e assegurar que todos tivessem o correto entendimento do que se esperava de cada função.

No caso do estabelecimento de novas metas mais sofisticadas, e principalmente de processos-chave que não faziam parte do processo de gestão e remuneração comercial, essa uniformidade só ocorreria ao longo do tempo.

Uma gerente de vendas foi incisiva durante a entrevista, no trecho em que se referiu à importância do treinamento contínuo para o sucesso do programa:

> Se não houvesse nenhum outro benefício, só o programa de treinamentos associado ao programa já teria feito com que ele valesse a pena. Antes da sua implementação, o único treinamento que oferecíamos à equipe de vendas e merchandising era sobre os produtos da empresa. Hoje, há treinamentos sobre todos os processos-chave do programa. Elaboramos uma plataforma na internet onde os participantes podem assistir ao treinamento sempre que julgarem necessário, e periodicamente ministramos provas para verificar o conhecimento efetivo da equipe sobre o material apresentado. A equipe hoje está muito mais preparada e confiante.

3.2.11 O PROGRAMA DEVIA SER CONTROLADO E AUDITADO PERMANENTEMENTE

Originalmente, conforme já pontuado na introdução desta obra e mais bem explicitado no segundo capítulo, a GQT surgiu nas fábricas com o processo do controle da qualidade, diante da necessidade de que fossem minimizadas as perdas da empresa e de que a sua rentabilidade aumentasse, além de garantir a satisfação do consumidor com a oferta de produtos desenvolvidos de maneira cada vez mais uniforme e padronizada.

Do mesmo modo como se verifica no que diz respeito aos primórdios da GQT, observa-se que, sobretudo por se tratar de uma prática que foi implementada há menos de cinco anos na maior parte das empresas aqui estudadas, foi da maior importância que um trabalho de controle de qualidade do programa de GQT em vendas se desse tão logo esse programa tivesse início, sendo o controle de qualidade realizado de duas formas.

Primeiro, foi necessário um controle quantitativo, avaliando se existiam e quais eram as maiores discrepâncias de desempenho dentro de cada processo e em relação a cada membro da equipe. Os casos que estavam muito aquém do resultado esperado deviam ser investigados e devia-se avaliar se estava sendo realizado o que efetivamente se esperava daquilo. Além disso, também cabia uma avaliação presencial, acompanhando-se o promotor de vendas e merchandising, o vendedor ou o cliente para que se verificasse a correta realização do programa.

Com o tempo, a existência da auditoria serviu tanto como uma ferramenta de treinamento e *feedback* da equipe quanto como uma indicação consistente da alta gestão da seriedade que se esperava por parte de cada um dos participantes do programa. Algumas empresas reconheceram os desempenhos auditados, sendo que também existiram aquelas que acabaram aplicando o seu caráter punitivo em relação àqueles cujos resultados não foram satisfatórios. De qualquer forma, em ambos os casos, não houve espaço para quem faltasse com a verdade nos seus relatórios e ações.

Acerca do controle do programa e da auditoria permanente, o presidente de uma das empresas pesquisadas explicou:

> Um dos valores dessa empresa é a integridade. No início, tivemos alguns casos de profissionais que tentaram burlar os regulamentos do programa. Quando isso foi constatado pela nossa auditoria externa, não tive dúvidas em demitir os envolvidos. Não existe um colaborador[15] "meio honesto". Após as primeiras ocorrências, isso deixou de ocorrer. O recado foi dado.

---

15 Nas transcrições dos depoimentos, conforme se observará a partir daqui, importa considerar que o eventual emprego do termo "colaborador(es)" por parte dos entrevistados não reproduz o sentido arbitrado pelos autores (já explicado na introdução desta obra) para o empreendimento da análise da pesquisa. Assim, nesses casos, ele deve ser entendido na sua acepção mais usual – como o equivalente a "funcionários", "empregados" etc.

3.2.12 O PROGRAMA NECESSITOU DE CONSTANTES REVISÕES

Muitas vezes, intencionalmente, observou-se que o programa de GQT em vendas começou de uma forma enxuta, a fim de que a sua implementação fosse mais fácil. Então, se uma equipe era avaliada exclusivamente pelo atingimento da receita, e o programa ideal previa o desdobramento daquela meta em receita e volume por grupo de produto, assim como a realização de dez processos-chave, o responsável pelo desenho do programa o enxugava no início, desdobrando as metas apenas em receita (por exemplo), para que fossem inicialmente realizados cinco processos-chave. À medida que o programa foi bem entendido e executado pela equipe, as metas foram ampliadas e o nível de sofisticação do programa de muitas das empresas cresceu.

Um gerente de vendas de uma empresa que dispõe do programa há mais de cinco anos explicou:

> No início, o programa era uma apostila, com apenas o realmente essencial para a área comercial. Com o passar do tempo, novos itens foram sendo acrescentados e, hoje, praticamente tudo o que deve ser feito pela equipe de vendas e merchandising e pelos nossos parceiros é explicado, treinado e monitorado. Nossa equipe é um exército que sabe o que deve fazer, e que vence a guerra.

Também se observou que pode acontecer de, ao longo do tempo, serem necessárias revisões para o alinhamento do programa com a operação da empresa. Se, por exemplo, uma das empresas complementasse a sua estrutura comercial com uma equipe de vendedores que vendesse diretamente para o consumidor final, o processo de abastecimento de gôndolas de supermercado deixaria de ter sentido para esses membros da equipe. E o número de visitas em domicílio para oferecer o produto poderia ser um processo necessário, que deveria ser inserido.

3.3 OS IMPACTOS DOS PROGRAMAS NOS RESULTADOS, SEGUNDO OS COLABORADORES

A última questão investigada nesse primeiro estudo, fenomenológico, foi acerca da avaliação de cada um dos 45 entrevistados – entre presidentes (3), diretores comerciais (3), gerentes de vendas (36) e consultores (3) – no que se referia ao impacto nos resultados obtidos a partir da implementação do programa de GQT em vendas na empresa em que atuavam.

Nessa avaliação, cada um respondeu oralmente a uma questão inicialmente fechada, de acordo com uma escala de 1 a 5, em que 1 representava que o programa não havia oferecido nenhuma contribuição e, 5, que o programa contribuíra excepcionalmente para os resultados alcançados pela empresa. Os dados compilados podem ser observados na Tabela 1.

TABELA 1 – CONTRIBUIÇÃO DO PROGRAMA PARA OS RESULTADOS DA EMPRESA DE ACORDO COM OS ENTREVISTADOS

Classificação/Resposta	Avaliação	Percentual
5. Contribuiu excepcionalmente	22	48,9
4. Contribuiu muito	17	37,8
3. Contribuiu	4	8,9
2. Contribuiu discretamente	2	4,4
1. Não contribuiu	–	–
Total	45	100

Fonte: Desenvolvida pelos autores (2019).

Como demonstra a Tabela 1, para 100% dos entrevistados, o programa contribuiu no sentido de melhorar o resultado e a execução dos processos-chave – nenhum deles avaliou que essa contribuição não tenha ocorrido. Quando, porém, as respostas registradas são analisadas mais detalhadamente, o resultado se torna mais impactante: para 86,7% dos entrevistados, o programa de GQT em vendas contribuiu muito (classificação/resposta número

4) ou contribuiu excepcionalmente (classificação/resposta número 5) para que a empresa obtivesse melhor desempenho.

Abrindo-se a questão para que discorressem livremente acerca da(s) razão(ões) para a avaliação dada no quesito contribuição, foi possível observar que, de modo geral, as respostas dos participantes abrangeram seis fatores principais.

Entre aqueles que responderam que o programa contribuiu excepcionalmente, um primeiro fator de destaque foi o apoio oferecido pela diretoria – o que ratifica um dos doze aspectos elencados e que, portanto, pode ser tomado como uma das premissas da GQT, que corresponde à necessidade de o programa ser uma iniciativa do presidente. Com esse direcionamento fornecido pela alta direção, todas as demais áreas envolvidas passaram a contribuir para que o programa de GQT em vendas superasse as expectativas. Um dos respondentes pontuou:

> A diretoria deu todo o apoio, cobrou as outras áreas (Tecnologia, Recursos Humanos, Distribuição, Trade Marketing...) para dar todo o apoio também. O próprio presidente acabou sendo promovido, e os resultados do programa foram, na minha opinião, o que permitiu que isso acontecesse.

Além do fator relativo a esse apoio, o empenho no cumprimento das metas, no estabelecimento, no treinamento e no acompanhamento dos processos-chave foi um segundo aspecto mencionado pelos entrevistados. A combinação do atingimento das metas com o cumprimento dos processos-chave estabeleceu também um "sentimento meritocrático", dado que todos passaram a receber o reconhecimento por seus esforços, fosse na melhora da remuneração variável, fosse no recebimento de prêmios icônicos. Para um diretor comercial de uma empresa multinacional:

> O programa de GQT em vendas estabeleceu rotinas comerciais eficientes, treinando a equipe, gerenciando os indicadores-chave e reconhecendo as melhores práticas e os melhores resultados.

No que se detém sobre o atingimento das metas de receita e rentabilidade, bem como o dos processos-chave, foi necessário mais do que a elaboração, o treinamento e o incentivo dados à equipe: conforme se pôde depreender dos depoimentos coletados, foi preciso que a equipe comercial de cada empresa exercitasse a disciplina e seguisse o método, perseguindo esses objetivos de forma constante. Como ressaltou um dos presidentes entrevistados:

> O programa contribui para a disciplina na execução dos processos e foca nos objetivos da companhia.

Mediante as respostas nessas entrevistas, foi possível averiguar que, além do apoio da liderança, para aqueles que avaliaram o programa de GQT em vendas como uma iniciativa que contribuiu excepcionalmente para a empresa, foram considerados fundamentais: o atingimento e o reconhecimento das metas (terceiro e quarto fatores), o cumprimento dos processos-chave (quinto fator) e a disciplina na execução para a efetiva implementação do programa (sexto fator). Para os entrevistados que avaliaram que o programa "contribuiu muito", esses mesmos pontos fortes foram mencionados, havendo também um destaque para a descentralização no estabelecimento de metas e do cumprimento dos processos-chave.

Uma vez que o programa estabeleceu indicadores (metas e processos-chave) para toda a equipe – independentemente de o colaborador ser um diretor comercial, um gerente de vendas, um vendedor ou um promotor de vendas e merchandising –, cada um dos participantes passou a atuar em conformidade com a própria agenda de trabalho, desenvolvendo sua atividade de acordo com o esperado. Dessa forma, a soma dos resultados dos diversos colaboradores fez com que cada empresa obtivesse um desempenho adequado. Um gerente de vendas explicou com as suas palavras:

> O programa propôs rotinas comerciais eficientes, treinando a equipe, gerenciando os indicadores-chave de cada um dos colaboradores e reconhecendo as melhores práticas e os melhores resultados.

A propósito das rotinas citadas, este foi outro fator evidenciado: a padronização dos processos-chave, além da descentralização na execução.

Para aqueles que declararam que o programa de GQT em vendas "contribuiu" ou "contribuiu discretamente", pode-se acrescentar os mesmos tópicos já apresentados, sendo que, na relevância na execução, foi mencionada sua importância no ponto de venda. Para outro gerente de vendas:

> A rotina do campo foi desenhada. Desafios antes esquecidos pelo time passaram a ser prioridade, como o abastecimento das gôndolas para evitar o desabastecimento de produtos.

Além disso, ainda para esses participantes, acrescenta-se a motivação obtida ante a possibilidade de uma melhor remuneração, bem como a conquista de prêmios icônicos, como troféus e certificados. Para um dos entrevistados:

> O programa possibilita uma maior motivação pelo reconhecimento obtido através do atingimento da remuneração variável e pelos prêmios conquistados.

A Tabela 2 sintetiza os fatores de sucesso do programa, relacionando-os às classificações/respostas de 1 a 5 (referente à Tabela 1), durante as quais eles foram mencionados pelos entrevistados, justificando, portanto, a sua avaliação.

TABELA 2 – FATORES DE SUCESSO DO PROGRAMA DE GQT EM VENDAS

Fator	Respostas de 1 a 5 nas quais o fator foi mencionado
Apoio da direção	5, 4, 3, 2
Atingimento e cumprimento das metas e dos processos-chave	5, 4, 3, 2
Disciplina na execução	5, 4, 3, 2
Padronização na realização dos processos-chave	4, 3, 2
Descentralização da realização dos processos-chave	4, 3, 2
Motivação e remuneração	3, 2

Fonte: Desenvolvida pelos autores (2019).

Tal como se pode notar na Tabela 2, em sua grande maioria, um mesmo fator foi assinalado em mais de uma resposta. O apoio da direção, por exemplo, foi citado tanto pelos participantes para os quais a implementação do programa de GQT em vendas contribuiu discretamente para os resultados obtidos pela empresa (classificação 2 da Tabela 1) quanto por aqueles para os quais a implementação contribuiu excepcionalmente (classificação 5). Assim, quando houve menção a um determinado fator a partir de mais de uma resposta, registrou-se mais de um número da classificação da Tabela 1 na coluna dessa análise.

Concluídos os resultados referentes ao estudo fenomenológico empreendido com as quinze empresas, serão apresentados a seguir os três estudos de caso que detalham situações reais nas quais as empresas da indústria de bens de consumo em questão, identificadas como E1, E2 e E3, implementaram os seus respectivos programas de GQT em vendas.

CAPÍTULO 3: As motivações, o método de implementação e a percepção dos colaboradores em quinze empresas

QUESTÕES

1. No estudo apresentado neste capítulo, foram identificadas as três principais motivações das empresas para a implementação dos programas de GQT em vendas. Cite quais foram elas.

2. O aumento da rentabilidade foi uma das motivações para a implementação dos programas de GQT em vendas nas empresas que participaram desta primeira etapa da pesquisa, sendo que, para atingir esse objetivo, elas definiram um critério dentro desses programas, o qual está relacionado às metas de vendas.
Qual foi esse critério?

3. No segundo tópico deste capítulo, foram apresentados doze aspectos comuns no que diz respeito à implementação dos programas encontrados nas empresas pesquisadas. Um desses aspectos foi o uso de temas lúdicos dos quais os programas se valeram, a exemplo de "Feras", "Águias", "Faixas-Preta", "Tropa de Elite", "Lutadores do UFC" e "Pitbull".
Qual foi o objetivo das empresas ao aplicarem temas aos programas?

4. Outro aspecto importante na implementação dos programas de GQT em vendas foi a elaboração de treinamentos para os participantes. Os autores expõem que os treinamentos contínuos foram necessários em razão de três objetivos principais. Quais são eles?

5. Na pesquisa apresentada foram identificados seis fatores de sucesso dos programas de GQT em vendas, todos relacionados ao impacto deles nos resultados das empresas.
Descreva quais foram esses fatores.

CAPÍTULO 4:

O PROGRAMA DE GQT EM VENDAS EM UMA EMPRESA DE PEQUENO PORTE

Conforme já mencionado, os materiais examinados de empresas abrangeram não somente aqueles já citados a propósito da primeira etapa do estudo – o estudo fenomenológico –, como também os resultados do seu programa de GQT em vendas, por meio das demonstrações de resultados e dos dados brutos obtidos em cada um dos indicadores de cada programa.

Em relação a esses números, o acesso a eles foi franqueado pelas próprias empresas a fim de que, a partir desses resultados, fossem feitas entrevistas e observações junto a toda a sua equipe de vendas. Assim, uma vez que todos os dados oriundos das três empresas são tratados mediante a adoção do estudo de caso, o que se espera é que as análises realizadas a seguir, a começar pela E1, possam promover uma compreensão em profundidade do fenômeno que está sendo investigado. Para Goldenberg (2009), trata-se de acrescentar densidade ao estudo efetuado – acréscimo este que só é possível mediante a imersão do pesquisador qualitativo em casos exemplares.

Oportunamente, a fim de que os dados sejam apreciados em concordância com o todo que integram, cabe lembrar que, neste primeiro estudo, à época em que participava desta pesquisa, a empresa em questão obtinha um faturamento superior a 1 bilhão de dólares no mundo, fazendo-se presente em mais de cem países, sendo que, no Brasil, seu faturamento anual correspondia a 100 milhões de reais.

Trata-se de uma empresa líder em uma categoria de alimentos e em uma categoria de bebidas premium, que tem nos supermercados seu principal canal de distribuição. Um produto premium, de acordo com a definição da E1, é aquele cujo preço para o consumidor é superior ao do líder de mercado em pelo menos 20%. No Brasil, ela atua em todas as regiões do país.

No que tange à composição da sua equipe em território nacional, a E1 reunia um total de 75 funcionários, sendo que 38 deles integravam a área comercial, os quais responderam a um questionário constituído por perguntas abertas e fechadas, também disponível como Apêndice B ao final deste livro. Na E1, o diretor comercial entrevistado era responsável pelas áreas de vendas, administração de vendas e trade marketing. Para análise, a essas entrevistas também foram somadas aquelas realizadas com alguns dos executivos contemplados na abordagem fenomenológica – nesse caso, os consultores dessa empresa.

A primeira parte dos resultados corresponde ao tópico 4.1, relacionado ao processo de implementação do programa e aos resultados obtidos pela E1 em 2016 (mesmo ano em que foi implementado), que apresenta uma descrição das motivações por parte da diretoria da empresa e qual o método por ela adotado para que essa implementação fosse possível. Em 4.2, são apresentados os resultados do programa no que diz respeito ao atingimento de metas e ao cumprimento da realização dos processos-chave, dos quais se desdobraram o atingimento das metas de receita líquida (4.2.1), a realização dos processos-chave (4.2.2) e a percepção tanto dos colaboradores quanto dos trabalhadores em relação aos impactos produzidos por ele nos resultados alcançados (4.2.3).

4.1 AS MOTIVAÇÕES E O MÉTODO DE IMPLEMENTAÇÃO DO PROGRAMA

A empresa cujo programa de GQT em vendas é ora analisado entrou no mercado brasileiro por meio de representantes comerciais autônomos e de distribuidores credenciados, sendo que cada representante ou distribuidor era responsável por uma área geográfica específica. A esse respeito, o diretor comercial da E1 explicou:

Nossa estratégia de entrada no mercado era não ter custos fixos enquanto não houvesse uma base mínima de faturamento. Então, optamos por representantes, que recebem um percentual do valor vendido e não possuem vínculo trabalhista, e distribuidores, que são clientes da empresa e revendem o produto para os varejistas.

Conquanto essa forma de trabalhar tenha atendido aos objetivos inicialmente propostos, ocorre que, em 2012, o modelo já havia atingido o seu limite, visto que o número de clientes não aumentava e que as vendas naqueles já abertos também não registravam crescimento. Nesse contexto foi que, em 2013, a empresa contratou esse diretor comercial, que substituiu a equipe de representantes por uma equipe própria de vendedores e de promotores de vendas e merchandising. Com a equipe dedicada e treinada, houve novo crescimento nas vendas até o ano de 2015, embora, ainda de acordo com esse diretor comercial, o modelo adotado pudesse ter os seus resultados melhorados:

> Como contratamos uma equipe com diferentes experiências profissionais, não havia um padrão de trabalho. Enquanto algumas regiões apresentavam um resultado que atendia à nossa expectativa, outras tinham um desempenho pior. Com a piora da economia, decidi que era o momento de estabelecer um padrão adequado de atendimento para capturar todas as oportunidades e continuar crescendo.

Nessa ocasião, portanto, foi também contratado um consultor externo, que já contava com a experiência no desenvolvimento e na implementação de programas de GQT em vendas em uma empresa de bebidas e em uma de alimentos. Após 45 dias nos quais foram entrevistados os integrantes da equipe de vendas e merchandising, além dos clientes da empresa, esse consultor apresentou sua visão de como o programa deveria ser estruturado:

> Como era uma empresa com uma estrutura relativamente pequena e ágil, e que não possuía qualquer outro programa de gestão da qualidade total em suas áreas, decidimos montar um programa que avaliasse metas simples de atingimento de receita líquida da

empresa e de cada colaborador, bem como restringir o número de processos-chave àqueles que, se efetivamente realizados, seriam essenciais para o cumprimento das metas. Chegamos a um total de sete processos-chave.

A respeito dos processos-chave a que o consultor se referiu, eles constam no Quadro 25, identificados e sinteticamente explicitados, conforme as informações compartilhadas à época pelo próprio entrevistado.

QUADRO 25 – OS SETE PROCESSOS-CHAVE DO PROGRAMA DE GQT EM VENDAS DA E1

Processo-chave	Resumo
1. Planejamento do mês	Desdobramento das metas considerando-se o número de profissionais da área comercial e cada um dos clientes da região atendida por parte deles (no caso, os trabalhadores, conforme o emprego do termo nesta obra), incluindo a elaboração de uma agenda mensal de visitas a cada um dos clientes da sua carteira. Esse planejamento devia ser feito em uma planilha previamente fornecida ao profissional, competindo a este, no primeiro dia útil do mês, enviá-lo ao analista responsável pela gestão do programa.
2. Visitas a clientes e pontos de venda	Realização das visitas planejadas, de modo que todas as centrais de compras dos clientes da empresa, bem como as principais lojas de cada cliente, fossem visitadas e corretamente abastecidas com os produtos. No que se refere a um número mínimo de visitações, ele se dava segundo o planejamento do mês, consoante os objetivos previstos para cada um. Cada visita devia ser comprovada por meio da elaboração de um relatório montado em PowerPoint, com fotos dos pontos de venda visitados, expondo-se aí a senha do mês na foto, a fim de que fosse assegurada a sua validade. O envio desse relatório devia ocorrer no primeiro dia útil do mês seguinte.
3. Expansão da distribuição	Abertura de clientes, de acordo com uma lista previamente construída com os clientes potenciais de cada setor. As metas eram mensais, e a sua realização era apurada por meio do sistema de faturamento da empresa no primeiro dia útil do mês subsequente.

(continua)

(continuação)

4. Redução da ruptura	A ruptura de produto acontecia quando a loja do varejista se encontrava sem os produtos da empresa, sendo mensurada por meio de relatórios emitidos por empresas especializadas, que recebiam os dados brutos do próprio varejista. No caso dessa empresa, a fornecedora de informação era a Bis.[16] Cada vendedor ou promotor de vendas e merchandising tinha uma meta de ruptura máxima a ser tolerada nas lojas pelas quais era responsável, o que se verificava a partir da análise do relatório mensal de informações disponibilizado pela Bis.
5. Cumprimento da política comercial	Como cumprimento da política comercial, devia-se entender que os vendedores comercializavam os seus produtos para os varejistas ao preço estipulado pela empresa, e que esses varejistas, em relação aos consumidores finais, comercializavam esses produtos adquiridos pelos preços sugeridos. Esses preços eram verificados pela pesquisa de preços realizada no 15º dia útil do mês.
6. Execução de pontos extras	Para aumentar a compra por impulso dos produtos, foi estabelecida uma meta de pontos extras para cada um dos vendedores e promotores de vendas e merchandising. O ponto extra correspondia à exposição do produto em um local da loja que não fosse a gôndola na qual a categoria do produto era naturalmente exposta. Assim como em relação à visita aos clientes, cada ponto extra devia ser comprovado mediante a apresentação de um relatório produzido em PowerPoint, com a foto correspondente, expondo-se a senha do mês na foto, a fim de que fosse assegurada a sua validade. Tal relatório devia ser enviado no primeiro dia útil do mês seguinte.
7. Controle dos investimentos	A fim de atingir as metas de vendas, cada integrante da equipe de vendas tinha um orçamento para desenvolver ações de trade marketing com os clientes sob sua responsabilidade. Nesse processo, para assegurar que o orçamento seria cumprido, o profissional devia pontuar se não investisse mais do que o valor aprovado pela empresa. Essa apuração era feita pelo sistema interno da companhia no primeiro dia útil do mês seguinte.

Fonte: Desenvolvido pelos autores (2019).

---

16 Adquirida pela NeoGrid (GIRONEWS, 2014), a Bis Company é uma fornecedora de soluções para visibilidade de estoques e vendas para indústrias e varejos. Ou, conforme a sua apresentação em perfil próprio no LinkedIn, "A BIS, pioneira no tratamento e divulgação das posições diárias de vendas e estoques do varejo, é especialista em detectar os motivos de perda de vendas e transformá-los em lucro para seus clientes!". Disponível em: https://www.linkedin.com/company/bis-company/?originalSubdomain=pt. Acesso em: 3 out. 2019.

O cumprimento das metas e dos processos-chave devia acontecer mensalmente, sendo por meio do cumprimento de ambos que a premiação do programa se efetivava. Dentro do programa, o atingimento das metas dava direito a que o trabalhador obtivesse até 75 pontos, e o cumprimento dos processos-chave permitia que ele recebesse até 25 pontos, num total, portanto, de 100 pontos. Se obtivesse uma quantidade de pontos inferior a 75 no mês de apuração, esse promotor de vendas e merchandising ou vendedor não recebia a sua remuneração variável; a partir de 75, recebia a sua remuneração variável, que poderia chegar a até 50% do salário-base que constava na carteira de trabalho. Além disso, ainda em relação aos pontos, quem cumprisse os 75 ou mais em oito meses do ano era elegível ao bônus anual, que poderia chegar a até dez salários adicionais.

Sintetizando ao que correspondeu, na prática, à implementação do programa, o diretor comercial observou:

> Com o programa, não só definimos e comunicamos as metas de vendas e quais rotinas deveriam ser seguidas para se assegurar que estas metas fossem atingidas de forma padronizada e regular, como também alinhamos os incentivos da equipe de vendas, desde o diretor, passando pelo gerente, vendedor e promotor de vendas e merchandising, com as necessidades da empresa.

Ainda no que concerne à motivação, visando ao envolvimento da equipe, o tema escolhido para o programa foi o das artes marciais. Assim, todo o material de apresentação e treinamento foi construído a partir de metáforas a respeito das artes marciais, com o acréscimo de que, ao atingir os seus 75 pontos mensais, além da remuneração variável, o trabalhador também recebia um diploma com a faixa por meio da qual poderia ser identificado em relação à sua atuação na área. Isso porque todos os participantes começavam no nível faixa branca em vendas (faixa inicial da maioria das artes marciais), e o objetivo era fazê-los chegar à faixa preta (o que só seria possível se obtivessem a pontuação necessária por doze meses).

Um dos participantes do programa avaliou da seguinte forma a utilização do paralelo entre o programa e as artes marciais:

A analogia com as artes marciais foi muito adequada; afinal, temos que lutar todos os dias para atingir nossos objetivos. Além disso, os reconhecimentos oferecidos, além de permitir que melhoremos nossa remuneração, atestam nossa capacidade e agregam valor ao currículo. Todos os integrantes da equipe estão muito motivados para se tornar faixas pretas em vendas e merchandising.

Além do suporte da consultoria, um analista de administração de vendas foi alocado para dar o apoio necessário à gestão do programa. Foi também desenvolvido um portal na internet dedicado a receber as informações das metas e dos processos-chave e a apurar os resultados por participantes. A consultoria recomendou, ainda, a contratação de uma auditoria independente para avaliar mensalmente os documentos relacionados ao cumprimento de cada processo-chave e, em caso de dúvida, verificar o efetivo cumprimento no ponto de venda.

Tanto para a seleção e o treinamento do analista quanto para o desenvolvimento do portal e a formatação do processo de auditoria foram necessários mais 45 dias. Com isso, o tempo total para o desenvolvimento do programa, desde a ideia de se implementá-lo até estar pronto para ser lançado, foi de três meses.

4.2 ATINGIMENTO DE METAS E CUMPRIMENTO DE PROCESSOS-CHAVE

Para avaliar o impacto do programa de GQT em vendas na E1 foram utilizadas duas bases de informação. A primeira delas consistiu na "apresentação de resultados da empresa", produzida mensalmente pela diretoria para o conselho de administração. A segunda base correspondeu às entrevistas realizadas com a equipe, nas quais cada participante pontuava suas impressões sobre o programa. Os registros em ambas as bases são recuperados separadamente nas duas subseções a seguir.

4.2.1 O ATINGIMENTO DAS METAS DE RECEITA LÍQUIDA NA E1

Esse é o indicador que demonstra a evolução do faturamento para os clientes (a moeda em uso é o real), isto é, é a receita da companhia. Na ocasião em que se deu a presente investigação, cada participante do programa detinha uma meta de faturamento estabelecida mensalmente, constituindo-se em um dos principais indicadores medidos pelo programa. Por meio da Tabela 3, pode-se observar que, no primeiro ano do programa, a empresa conseguiu aumentar a receita, enquanto as vendas de bens de consumo não duráveis apresentaram queda e as categorias nas quais a organização atua tiveram um crescimento inferior.

TABELA 3 – RESULTADO EM RECEITA APÓS O LANÇAMENTO DO PROGRAMA

Evolução de receita	Ano de implementação vs. ano anterior (%)
Bens de consumo não duráveis	-3
Categorias em que a empresa atua	5
Empresa	18

Fonte: Desenvolvida pelos autores (2019).

De acordo com a avaliação dos seus executivos, as categorias em que a E1 atua não foram tão afetadas pela situação econômica do Brasil, uma vez que ela comercializava produtos de maior valor agregado, consumidos pelas classes A e B, que não foram tão impactadas quanto as demais. Além disso, suas marcas eram fortes e contribuíram para o crescimento das vendas nesse cenário econômico adverso. Apesar disso, houve momentos na história da empresa – como nos anos de 2012 e 2015 – nos quais os objetivos almejados não foram atingidos, o que tornou necessária a implementação de algumas mudanças na forma como ela operava.

Assim, o programa de GQT em vendas foi desenvolvido como resposta a um desses períodos mais difíceis – mais especificamente, o ano de 2015. E, um ano depois – em 2016 –, ele havia prestado uma contribuição decisiva para o atingimento de um resultado tão positivo. Como relatou o diretor comercial:

> A comunicação clara das metas, a definição dos processos-chave, o treinamento e o reconhecimento oferecidos pelo programa, tanto financeiro quanto icônico, tornaram a nossa equipe mais motivada e eficiente e, com isso, os resultados foram excelentes, permitindo que superássemos as metas e conquistássemos participação de mercado, enquanto ocorreu o contrário com os nossos principais concorrentes.

4.2.2 A REALIZAÇÃO DOS PROCESSOS-CHAVE NA E1

Para compreender com mais profundidade a contribuição do programa para o resultado obtido, são apresentados a seguir os resultados atingidos pelos sete processos-chave já elencados e explicitados no Quadro 25.

O primeiro desses processos-chave, conforme já registrado, corresponde ao planejamento mensal. Segundo o gerente de vendas responsável pelas contas-chave, o principal benefício decorrente do estabelecimento dos processos-chave foi a possibilidade de desdobrar seu plano por cliente e, dessa forma, de desenvolver estratégias e táticas customizadas a cada um:

> Antes, a cada mês, eu realizava uma negociação independente com cada cliente. Com a necessidade de desenvolver o planejamento todos os meses, passei a utilizar esse tempo para refletir sobre qual seria a melhor estratégia e quais ações de trade marketing deveria fazer para cada um dos clientes. Logo, desenvolvi PACC [programas de aceleração do crescimento com clientes] para cada um dos mesmos. Estabeleci um horizonte de tempo de seis meses para cada PACC, recebendo e agregando as sugestões de cada cliente. Com isso, trabalhei com eles de forma alinhada, perseguindo objetivos comuns.

O processo-chave seguinte, a efetiva realização das visitas planejadas a clientes e lojas de acordo com o planejamento efetuado, contribuiu, na opinião da equipe de vendas e merchandising, tanto para a melhoria da execução das ações quanto para a realização de melhores negociações, como explicou um vendedor dessa empresa:

> Antes do programa, passava a maior parte do tempo nas centrais de compra. A partir do momento em que tive que planejar e realizar visitas às lojas, pude perceber que muitas coisas negociadas nas centrais não eram efetivamente realizadas. Passei então a acompanhar mais de perto a execução das ações planejadas. E, com esse conhecimento e aprendizado, passei a fazer negociações melhores também, pois sabia o que dava certo e o que não funcionava nas lojas.

Os resultados do processo-chave que buscava a expansão de clientes tiveram um impacto que contribuiu para o crescimento da receita. Antes da implementação do programa, a equipe não dedicava tempo suficiente à prospecção de novos clientes, concentrando-se no aumento das vendas com a carteira atual de clientes. A partir do momento em que os integrantes passaram a focar também a conquista de novos clientes, a carteira atendida pela organização cresceu em 48%. Por conseguinte, com a abertura desses clientes, o número de lojas que comercializam o produto cresceu 102%, uma vez que os clientes – em especial, os supermercadistas – têm várias lojas.

No que se refere a essa expansão viabilizada pela ampliação da própria distribuição, o gerente de vendas reflete:

> Antes do programa, o meu dia a dia era focado em aumentar as vendas por metro quadrado naqueles clientes que eu e minha equipe já atendíamos. A partir do momento em que esse processo-chave foi inserido na nossa rotina, e também recebemos a lista de clientes que deveríamos abrir, os resultados vieram. E, melhor ainda: passei a não depender apenas de poucos clientes para bater a meta, já que tinha muito mais clientes.

Outro processo-chave que teve alto impacto no melhor desempenho de vendas foi a redução da ruptura. Antes do início do programa, a empresa dedicava mais esforços em vender para os varejistas do que em fazer com que os varejistas vendessem para os consumidores. Dessa forma, o índice de ruptura dos produtos nas lojas era 50% maior do que a média das categorias.

Com a implementação do programa e o trabalho realizado loja a loja – em especial, pela equipe de promotores de vendas e merchandising –, a ruptura teve uma queda acentuada, passando a ser inferior à média da categoria. Assim, os consumidores puderam encontrar os produtos que procuravam, adquirindo-os com mais frequência.

A Tabela 4 apresenta os resultados da queda da ruptura conquistados pelo programa.

TABELA 4 – REDUÇÃO DA RUPTURA CONQUISTADA PELO PROGRAMA

Ruptura	Percentual
Índice de ruptura antes do programa	12
Índice médio de ruptura nas categorias	8
Índice de ruptura após o programa	4

Fonte: Desenvolvida pelos autores (2019).

Um dos promotores de vendas e merchandising da empresa relatou o esforço que foi mobilizado para a redução da ruptura:

> A partir do momento em que o programa passou a nos pontuar pela redução da ruptura, eu não aceitava visitar uma loja e encontrar rupturas. A ruptura passou a ser nosso maior inimigo, e missão dada é missão cumprida. Só saía da loja com isso resolvido.

Uma vez que a organização estudada trabalhava com produtos voltados a uma classe com maior poder aquisitivo, os varejistas que comercializavam o produto frequentemente utilizavam *markups* mais altos do que os praticados para os produtos mais populares das mesmas categorias. Antes da implementação do programa, ainda que a empresa tivesse conhecimento disso, nenhum direcionamento mais incisivo era dado para combater a situação, de modo que os produtos acabavam chegando até os consumidores com preços acima dos ideais.

Quando o programa teve início, 49% dos preços praticados ao consumidor estavam acima dos preços sugeridos. No final do primeiro ano, ainda que o problema não tivesse sido solucionado por completo, esse percentual caiu, de modo que 34% dos preços praticados pela empresa estavam acima do que ela considerava ideal.

A respeito do cumprimento da política comercial, um promotor de vendas e merchandising observou:

> Muitos consumidores comentavam nas lojas que os nossos produtos estavam mais acessíveis, que tínhamos abaixado o preço.

O próximo processo-chave era a execução de pontos extras. No ano anterior à implementação do programa, a equipe de promotores de vendas e merchandising montou 3.118 pontos extras ao longo do tempo. Apesar de serem produtos que aumentavam muito suas vendas quando expostos nesses pontos, pelo seu perfil adequado à compra por impulso, muitos deles deixavam de ser montados. E, em relação a isso, um gerente de vendas explicou:

> Antes do programa de gestão da qualidade total em vendas, em muitos clientes desistíamos de montar os pontos extras, pois os valores cobrados pelas centrais dos varejistas eram muito altos. Quando a execução desses pontos passou a pontuar no programa, toda a equipe começou a procurar formas criativas para cumprir esse processo. Passamos a negociar os pontos loja a loja, negociando não mais com os compradores, e sim com os gerentes e encarregados das lojas. Com isso, acabamos tendo pontos em muitas lojas através do relacionamento da nossa equipe de vendedores e promotores.

Ao final do ano, após a implementação do programa, haviam sido montados 13.542 pontos extras, representando um crescimento de 334% em comparação com o período anterior.

A Figura 2 apresenta a evolução mensal da confecção desses pontos. Nela, é possível observar que já houve um número significativo de pontos extras desde o primeiro mês e que a quantidade mensal cresceu ao longo de todo o ano.

FIGURA 2 – EVOLUÇÃO MENSAL DA EXECUÇÃO DE PONTOS EXTRAS

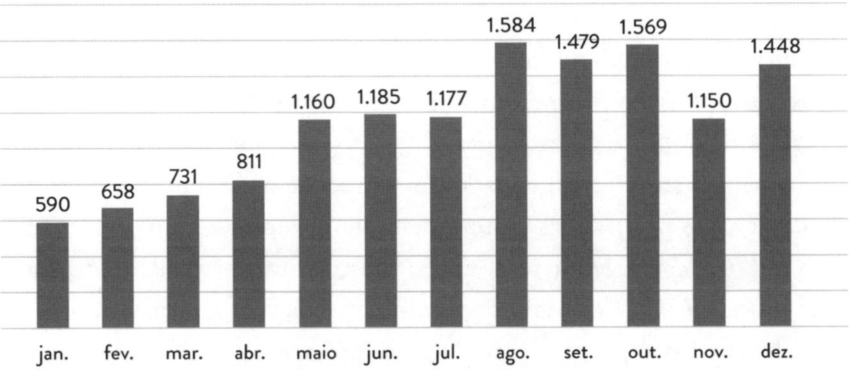

Mês	Pontos
jan.	590
fev.	658
mar.	731
abr.	811
maio	1.160
jun.	1.185
jul.	1.177
ago.	1.584
set.	1.479
out.	1.569
nov.	1.150
dez.	1.448

Fonte: Desenvolvido pelos autores (2019).

Por fim, o processo-chave que controlava os investimentos em ações de trade marketing era fundamental para que as metas de receita líquida fossem atingidas, sem prejudicar a lucratividade. Com a equipe de vendas alinhada com o processo-chave, apenas 85% dos recursos disponibilizados pela organização foram utilizados – portanto, foram atingidos não só os resultados de receita líquida, como também aqueles de lucratividade. Como explicou um gerente de vendas:

> Antes do programa, o nosso único objetivo era bater as metas. Muitas vezes, alguns colaboradores gastavam mais do que o orçamento que tínhamos para o mês, aí abriam uma conta corrente com o cliente. A empresa sempre ficava devendo, o que piorava o relacionamento com o cliente e, eventualmente, quando a despesa tinha que ser paga, o colaborador responsável ficava sem recursos para bater a meta. Agora, está claro para todos que, para nos graduarmos no programa, não basta atingir a meta: deve-se fazer isso com os recursos disponíveis.

Ao longo do ano, a empresa reformulou toda a sua gestão comercial para se adequar ao programa de GQT em vendas. Além do portal, das análises efetuadas a partir dos bancos de dados construídos com as informações do programa e da designação de um analista dedicado ao programa, a área de administração de vendas desenvolveu relatórios de acompanhamento dos processos-chave. Esse acompanhamento se deu a pedido da própria equipe de vendas e merchandising, que, ao longo do mês, buscava se manter a par da evolução da abertura de clientes, da redução da ruptura, da execução de pontos extras, dos preços ao consumidor e da utilização de verbas.

Além do suporte à gestão desenvolvido pela administração de vendas, o departamento de trade marketing começou a alinhar os calendários promocionais às prioridades do programa. Por exemplo: para todo cliente aberto no ano, o vendedor responsável oferecia uma semana de degustação de produtos. Os materiais de ponto de venda também passaram a ser desenvolvidos com o preço sugerido do produto para incentivar a sua prática pelo varejista. A esse respeito, um vendedor declarou:

> Com o programa, passamos a trabalhar muito mais alinhados com as áreas de suporte. O sentimento é que estamos jogando todos no mesmo time.

4.2.3 A PESQUISA COM OS COLABORADORES E TRABALHADORES DA E1 SOBRE OS IMPACTOS DO PROGRAMA NOS RESULTADOS

Na pesquisa aplicada aos colaboradores e trabalhadores da área comercial da E1, foram feitos os seguintes questionamentos:

I. se, para eles, os processos-chave tinham sido impactados pelo programa;
II. qual seria o grau de contribuição do programa para a melhoria de cada um desses processos;
III. se os processos-chave continuariam a melhorar no futuro por meio do programa;

IV. qual a avaliação que eles faziam acerca dos treinamentos ministrados para fixar os conceitos do programa.

Combinadas com as fechadas, as questões abertas tiveram como objetivo entender mais detalhadamente a percepção desses colaboradores em relação ao programa.

No que se refere à primeira pergunta, todos eles avaliaram que os processos-chave pesquisados foram impactados pelo programa, conforme apresentado na Tabela 5.

TABELA 5 – IMPACTO DO PROGRAMA NO CUMPRIMENTO DOS PROCESSOS-CHAVE SEGUNDO A EQUIPE

Item avaliado	Obteve impacto positivo (%)	Obteve impacto negativo (%)
1. Planejamento do mês	100	–
2. Visitas a clientes e pontos de venda	97	3
3. Expansão da distribuição	97	3
4. Redução da ruptura	100	–
5. Cumprimento da política comercial	100	–
6. Execução de pontos extras	100	–
7. Controle de investimentos	100	–

Fonte: Desenvolvida pelos autores (2019).

Ratificando esses percentuais verificados na tabela, o depoimento do gerente de vendas reforça as causas do sucesso obtido pelo programa:

> O programa não poderia ter vindo em melhor momento para a empresa. Tínhamos resultado, mas faltava gestão. Controle, dados quantitativos, análises individuais de desempenho. O programa triunfou logo nos primeiros meses. Através dele foi possível avaliar, de forma tangível e racional, a permanência e a promoção de um colaborador ou a sua substituição, por exemplo. A excelência se tornou a obsessão da equipe. Todos mencionam os processos-chave diariamente nas ferramentas de comunicação que utilizamos.

Por fim, o programa trouxe informações inéditas para a minha área, que possibilitaram a criação de relatórios complexos. Esses relatórios voltaram para a equipe como dados ricos para acelerar os resultados. Ou seja, o programa criou um sistema cíclico que só gera um produto final: o resultado excelente.

Em relação à segunda pergunta, os participantes foram questionados sobre qual seria, na sua avaliação, o grau de importância do lançamento do programa para a melhoria de cada processo-chave, sendo que 1 correspondia a pouco importante e, 5, a muito importante. Nesse quesito, constatou-se que, no que se refere ao nível de contribuição do programa para a melhoria de todos os processos-chave, a maior parte da equipe o reconhece como sendo importante ou muito importante, conforme demonstrado na Tabela 6.

TABELA 6 – AVALIAÇÃO DO GRAU DE IMPORTÂNCIA DO PROGRAMA PARA A MELHORIA DE CADA PROCESSO-CHAVE

Processo-chave avaliado da E1	Contribuição (%)				
	1	2	3	4	5
1. Planejamento do mês	–	–	–	18	82
2. Visitas a clientes e pontos de venda	–	–	3	16	81
3. Expansão da distribuição	3	–	13	13	71
4. Redução da ruptura	–	3	11	16	70
5. Cumprimento da política comercial	–	8	12	24	56
6. Execução de pontos extras	–	–	–	11	89
7. Controle de investimentos	3	3	12	15	67

Fonte: Desenvolvida pelos autores (2019).

Pelos depoimentos obtidos, pôde-se concluir que o programa contribuiu ou contribuiu muito para alinhar os planos de trabalho. E, visando a uma compreensão mais aprofundada acerca do que configurou essa melhoria, foi organizado um quadro com os depoimentos acerca dos benefícios obtidos com o programa, uma vez que, aqui, também se pôde concluir que ele contribuiu para alinhar os planos de trabalho tanto dentro da empresa quanto entre ela e os clientes, além de se constituir igualmente como um programa claro e formalizado de reconhecimento do desempenho de cada profissional – o que o motivou a participar e a superar as metas.

No Quadro 26, encontram-se alguns desses depoimentos para efeito de ilustração, divididos segundo uma classificação que foi feita a partir da leitura deles, durante a qual se identificou que, essencialmente, os conteúdos desses depoimentos remetiam sempre a uma dessas três questões: (A) alinhamento, (B) reconhecimento e (C) motivação. Destaca-se, ainda, que, entre eles, não foi encontrado nenhum depoimento negativo sobre o programa, mesmo por parte daqueles que não lhe tinham atribuído nota máxima.

QUADRO 26 – BENEFÍCIOS OBTIDOS COM O PROGRAMA: ALINHAMENTO, RECONHECIMENTO E MOTIVAÇÃO

Benefícios	Depoimentos
(A) Alinhamento	"Conseguimos trabalhar em harmonia com nossos clientes, desenvolvendo um modelo único de trabalho, tendo em vista termos os mesmos objetivos a serem alcançados, a saber: aumento de faturamento, visibilidade e rentabilidade." (Gerente de vendas) "O programa é uma ferramenta excelente de gestão, que ajuda na tomada de decisões, mas que, acima de tudo, precisa que todas as áreas da empresa estejam envolvidas e funcionem como uma engrenagem perfeita." (Gerente de vendas) "Através do programa, conseguimos executar o trabalho de maneira uniforme, falando a mesma linguagem em toda a empresa, resultando em melhorias no ponto de venda." (Vendedor)
(B) Reconhecimento	"Minha impressão é que o programa consiste em reunir conceitos e ferramentas necessárias para uma melhor performance, crescimento e resultados positivos. Eu os pratiquei e obtive melhores resultados em minha vida profissional e pessoal." (Vendedor) "O programa é excelente para o crescimento e desenvolvimento da empresa e para ampliar a visão e as competências do colaborador." (Promotor de vendas e merchandising)
(C) Motivação	"Minha impressão é totalmente favorável, confio e acredito, pois o programa tem padrões definidos e justos sobre os processos-chave que temos que cumprir." (Promotor de vendas e merchandising)

Fonte: Desenvolvido pelos autores (2019).

A terceira pergunta endereçada tanto aos colaboradores quanto aos trabalhadores da E1 consistiu em saber se, na opinião deles, os processos-chave continuariam a progredir no próximo ano. De acordo com as respostas, elas continuariam, pois, ainda que muitas melhorias já tivessem sido conquistadas, ao analisarem cada setor e cada processo-chave, eles estimavam que havia não só muito trabalho para manter os resultados obtidos, como também oportunidades a serem exploradas. As respostas obtidas por processo-chave estão listadas na Tabela 7.

TABELA 7 – PERCENTUAL DOS PARTICIPANTES QUE ACREDITAM QUE O PROCESSO-CHAVE CONTINUARÁ A MELHORAR COM O PROGRAMA

Processo-chave avaliado da E1	Não acreditam (%)	Acreditam (%)
1. Planejamento do mês	–	100
2. Visitas a clientes e pontos de venda	–	100
3. Expansão da distribuição	4	96
4. Redução da ruptura	–	100
5. Cumprimento da política comercial	–	100
6. Execução de pontos extras	–	100
7. Controle de investimentos	–	100

Fonte: Desenvolvida pelos autores (2019).

Compartilhando desse entendimento de que ainda há o que pode ser melhorado por meio do processo, um vendedor exemplificou:

> Temos muito a melhorar ainda. Por exemplo, ao analisar os preços praticados pelos meus clientes, muitos ainda trabalham com preços superiores àqueles sugeridos por nós.

Finalmente, os entrevistados foram perguntados sobre o que tinham achado dos treinamentos ministrados ao longo do ano para reforçar os conceitos do programa. Os treinamentos foram divididos em manuais, palestras, treinamentos práticos e treinamentos de um dia ou mais no escritório. Numa escala em que 1 também era considerado pouco importante e, 5, muito importante, constatou-se que todas as iniciativas foram consideradas muito importantes para o sucesso do programa, como pode ser observado na Tabela 8.

TABELA 8 – GRAU DE IMPORTÂNCIA DADO PELOS PARTICIPANTES À CAPACITAÇÃO SEGUNDO AS FORMAS DE TREINAMENTO OFERECIDAS

Treinamento	Contribuição (%)				
	1	2	3	4	5
Capacitação – treinamentos	–	–	–	17	83
Capacitação – manuais	–	–	3	18	79
Capacitação – palestras	–	3	–	20	77
Capacitação – treinamento prático	–	–	8	24	68
Capacitação – outros	–	–	25	25	50

Fonte: Desenvolvida pelos autores (2019).

Para o gerente de vendas, um ponto relevante do treinamento foi ter a oportunidade de entender como outros gerentes e demais membros da equipe estavam cumprindo os processos-chave e atingindo as suas metas:

> Em primeiro lugar, aprendemos mais, pois quem aplica o treinamento agrega seu conhecimento às explicações. Além disto e mais importante ainda, a troca de informações sempre traz algo novo e relevante que pode ser usado no meu trabalho.

Já para os promotores de vendas e merchandising e os vendedores, os treinamentos contribuíram não só para o atingimento dos resultados da empresa, como também para outras esferas da sua vida, além do trabalho. Como descreveu um dos vendedores:

> O programa me ensinou a ser quantitativo na minha vida pessoal. A definir indicadores para a minha vida acadêmica, para as minhas finanças pessoais, para a minha saúde. E a construir planos de ação para trabalhar e atingir essas metas.

Já outro vendedor declarou:

> Para mim, este programa é um estilo de vida, onde consigo aprimorar técnicas de maneira prática e organizada, reflete a todo momento na minha capacidade de traçar objetivos e alcançá-los, ajuda no meu senso de tomadas de decisões e organização.

E mais um vendedor concordou com os outros, ao afirmar:

> O programa é um manual para o vendedor profissional. Ele guia os passos do profissional através do melhor caminho para a superação dos objetivos. Além disso, ele mede os resultados e expõe pontos que precisam ser aperfeiçoados.

Concluída a análise envolvendo o processo de implementação do programa de GQT em vendas pela E1 (no caso, as motivações para a implementação do programa e o método adotado para tanto), bem como os resultados por ela obtidos (referentes ao atingimento das suas metas e ao cumprimento da realização dos seus processos-chave), o capítulo a seguir se debruça sobre esses mesmos aspectos, mas, agora, no que diz respeito a uma empresa de médio porte: a E2.

QUESTÕES

1. Ao implementar o programa de GQT em vendas, a E1 buscou promover uma mudança na maneira como o departamento de vendas atuava. Para tanto, o método de implementação em questão consistiu no estabelecimento de metas e de sete processos-chave por meio dos quais seria possível atingi-las. Quais foram esses sete processos-chave?

2. Como fator motivacional, a E1 atrelou a remuneração variável da equipe de vendas ao programa, sendo que, visando a envolvê-la ainda mais, o tema escolhido para esse programa foram as artes marciais.
Explique como a E1 utilizou esse tema no desenvolvimento do programa.

3. Um dos sete processos-chave implementados pela E1 foi o de visitas à loja, por meio do qual ela conseguiu modificar um paradigma importante. Afinal, agora a equipe precisava visitar as lojas do cliente, e não apenas se concentrar no atendimento à central de compras.
Essa foi uma mudança que promoveu dois benefícios citados pela equipe de vendas da E1. Explique cada um deles.

4. A E1 cuidou de estruturar em quatro formatos diferentes os treinamentos associados ao programa, os quais foram muito bem avaliados pela equipe de vendas. Cite quais foram eles.

5. No último tópico deste capítulo foram apresentados os três principais impactos que o programa de GQT em vendas gerou para a E1. Explique cada um deles.

CAPÍTULO 5:

O PROGRAMA DE GQT EM VENDAS EM UMA EMPRESA DE MÉDIO PORTE

Dando continuidade aos três estudos de caso, passa-se agora ao segundo deles, no qual também importa recuperar algumas informações já apresentadas acerca da E2, que, à época em que participava desta pesquisa, obtinha um faturamento anual superior a 150 milhões de reais, fazendo-se presente em todas as regiões do Brasil.

Conforme já assinalado, trata-se de uma empresa líder em uma categoria de alimentos, que tem nos supermercados seu principal canal de distribuição. No Brasil, ela atua em todas as regiões do país, sendo que, do seu total de 450 funcionários, 34 atuavam na área comercial.

Para a implementação do programa de GQT em vendas, que ocorreu no início de 2018, a E2, assim como a E1, contratou uma consultoria externa, da qual foram disponibilizados três consultores com experiência pregressa no desenvolvimento e na implementação desse tipo de programa. Dada a sua contribuição a fim de que fosse possível obter as informações necessárias ao melhor entendimento do programa em questão, esses consultores também foram considerados participantes desta pesquisa e colaboradores da E2, perfazendo, assim, um total de 37 profissionais entrevistados neste estudo.

Novamente, da mesma forma como sucedeu em relação à E1, todos esses participantes responderam a um questionário constituído por perguntas abertas e fechadas, disponível como Apêndice B no final do livro.

A primeira parte dos resultados corresponde ao tópico 5.1, relacionado ao processo de implementação do programa e aos resultados obtidos pela E2 em 2018, que apresenta uma descrição das motivações por parte da diretoria da empresa e qual o método por ela adotado para que essa implementação fosse possível. Em 5.2, são apresentados os resultados do programa no que diz respeito ao atingimento das metas e ao cumprimento da realização dos processos-chave, dos quais se desdobram o atingimento das metas de rentabilidade (5.2.1) e a percepção tanto dos colaboradores quanto dos trabalhadores da E2 em relação aos impactos produzidos por ele nos resultados alcançados (5.2.2).

5.1 AS MOTIVAÇÕES E O MÉTODO DE IMPLEMENTAÇÃO DO PROGRAMA

Oriunda da fusão entre outras duas empresas, a E2 apresentava um cenário que podia ser considerado como de alta complexidade.

Ocorre que, passado já algum tempo desde essa fusão, ela contava com diferentes modelos de trabalho sendo praticados num mesmo ambiente (tanto de atendimento quanto de distribuição), surgindo daí a dificuldade que vinha enfrentando no sentido de conciliá-los, uma vez que ela detinha duas linhas de produtos voltadas a canais igualmente distintos, o que comprometia uma sinergia de esforços. Além disso, a E2 contava com uma equipe que, em sua maior parte, era formada por representantes comerciais, incluídos no nível de gerência de vendas.

Nesse contexto, que acabava prejudicando a rentabilização do negócio por parte da empresa, após a chegada de um novo presidente e de um novo diretor comercial à E2, a equipe de representantes foi substituída em parte por gerentes de vendas e, em parte, por vendedores contratados sob o regime da CLT. Assim, embora tenham sido estabelecidas duas metas no programa de GQT em vendas – aumento de receita e melhoria da rentabilidade –, a principal motivação pela qual se deu o interesse na sua implementação foi o aumento da rentabilidade. A outra motivação, de natureza secundária, voltava-se ao crescimento da receita.

Os processos-chave estabelecidos para que essas metas fossem atingidas constam no Quadro 27, identificados e sinteticamente explicitados, conforme as informações destacadas do manual do usuário distribuído pela própria E2 para a equipe comercial.

QUADRO 27 – OS OITO PROCESSOS-CHAVE DO PROGRAMA DE GQT EM VENDAS DA E2

Processo-chave	Resumo
1. Planejamento do mês	Ação de planejar quando cada um dos clientes seria visitado, quanto se buscava vender em cada um dos clientes e qual recurso seria destinado a cada negociação.
2. Visitas a clientes e pontos de venda	Realização de visitas às lojas dos varejistas atendidos direta ou indiretamente pela E2.
3. Positivação	Consistia na ação de vender para o cliente dentro do mês: • 33,33% dos pontos desse processo eram obtidos se pelo menos 75% da carteira de clientes do profissional de vendas fosse positivada com a categoria-foco 1; • outros 33,33% dos pontos eram obtidos se pelo menos 75% da carteira de clientes do profissional de vendas fosse positivada com a categoria-foco 2; • os outros 33,33% dos pontos eram obtidos se pelo menos 75% da carteira fosse positivada com a categoria-foco 3.
4. Presença em loja	Processo relacionado à disponibilização dos produtos nas gôndolas dos pontos de vendas. Aqui, os pontos desse processo eram obtidos se o índice de presença geral da E2 fosse igual ou superior a 75% no relatório enviado pelos promotores de vendas e merchandising.
5. Treinamento	Consistia em realizar treinamento para a equipe de vendas e merchandising.
6. Reunião	Organização de uma reunião mensal com a equipe de vendedores e promotores de vendas e merchandising sob sua gestão.
7. Faseamento	Tratava-se de antecipar as vendas aos clientes para antes do dia 20 do mês.
8. Orçamento	Destinava-se a cumprir o orçamento de investimentos de vendas/trade marketing sob sua gestão.

Fonte: Desenvolvido pelos autores a partir do manual interno distribuído pela E2 (2019).

O cumprimento das metas e dos processos-chave deveria acontecer mensalmente, sendo por meio do cumprimento de ambos que a premiação do programa se efetivava. Dentro do programa, o atingimento das metas dava direito a que o trabalhador obtivesse até 75 pontos; o dos processos-chave permitia que ele recebesse até 25 pontos, num total, portanto, de 100 pontos. Ao somar os pontos por metas e processos, o promotor de vendas e merchandising ou vendedor alcançaria uma pontuação total que se converteria, na prática, em uma categoria de remuneração variável mensal. No conjunto, foram definidas três categorias de remuneração variável, aplicadas conforme o cargo ocupado por esses profissionais.

No mais, visando à motivação da própria equipe comercial, o tema escolhido para o programa, tal como já se verificou em relação à E1, foram as artes marciais. Assim, todo o material de apresentação e treinamento foi construído a partir de metáforas associadas a elas. O manual do usuário, especificamente, contemplou o que foi apresentado como o "diferencial do guerreiro": "cair sete vezes; levantar-se oito", assim como alguns princípios filosóficos do judô.

No que se refere a esses princípios mencionados, pontualmente, resumiram-se a três:

I. "suavidade, ou seja, o melhor uso da energia", no qual se incentivavam nos participantes alcançados pelo programa as perguntas "Como posso fazer essa atividade de forma diferente?" e "Em quais aspectos ela pode ser melhorada?";
II. "*seiryoku zenyo* – máxima eficiência com o mínimo de esforço", em que se reiterava a máxima de que "o segredo está em fazer certo as coisas que são importantes, ou seja, ter o foco adequado dentro dos objetivos que se deseja";
III. "*jita kyoei* – prosperidade e benefícios mútuos", no qual se defendia que empresa/profissional de vendas e clientes tinham um mesmo objetivo em comum: disponibilizar produtos valiosos para os consumidores, de modo que, à medida que esse profissional cumprisse seu trabalho com qualidade desde o início, todos sairiam ganhando.

Para estimular o envolvimento da área, a E2 contou com a abordagem dada tanto por ela própria quanto por aquele manual que a empresa já distribuíra internamente, configurando-se aí o caminho para que os trabalhadores conquistassem "a faixa preta". Um caminho a ser percorrido por meio da concretização dos próprios processos-chave já especificados no Quadro 27, baseado no princípio geral da meritocracia. Isso porque, em outras palavras, tinha-se que a remuneração variável que cada integrante deveria receber se definiria em conformidade com o próprio desempenho das equipes de vendas e merchandising mensurado pelo programa. E, a cada 75 pontos conquistados, haveria a mudança de faixa.

No mais, ainda como parte desse fomento à adesão da área comercial em relação à implementação do programa e ao alcance das metas por meio do cumprimento dos processos-chave, a E2 estabeleceu nove pontos, aos quais atribuiu o título "Código do Programa Qualidade Faixa Preta", reproduzidos no Quadro 28.

QUADRO 28 – OS NOVE PONTOS DO "CÓDIGO DO PROGRAMA QUALIDADE FAIXA PRETA"

Ponto 1: Toda a área comercial participava do programa.
Ponto 2: Todos tinham como meta obter a faixa preta em vendas.
Ponto 3: A atitude do faixa preta era focada, disciplinada e resiliente.
Ponto 4: A promoção de faixa era função do cumprimento das metas e dos processos.
Ponto 5: Os mais graduados eram responsáveis pelo treinamento das suas equipes.
Ponto 6: A execução de todos os participantes era controlada e auditada.
Ponto 7: Era necessário reagir ao mercado e atacar as oportunidades.
Ponto 8: Quem mudava de faixa era recompensado financeiramente.
Ponto 9: No médio prazo, a equipe seria exclusivamente de faixas pretas.

Fonte: Desenvolvido pelos autores a partir do código criado e disponibilizado pela E2 (2019).

Dos nove aspectos assinalados no quadro, interessa aqui destacar o quinto ponto, em particular, uma vez que o treinamento também consta entre os processos-chave contemplados no Quadro 27 e que, conforme estes autores puderam observar, os treinamentos e as reuniões foram iniciativas nas quais houve um grande investimento por parte da E2 – prova dessa preocupação foi o próprio manual oferecido a todos da equipe comercial, assegurando não apenas a padronização da informação, como também seu acesso por parte de todos os envolvidos.

Esse investimento, por sua vez, possibilitou o que muitos dos entrevistados sinalizaram como sendo uma melhoria não apenas para a sua atuação profissional, como também para a sua vida pessoal. Nesse sentido, por exemplo, um dos entrevistados considerou:

> Me tornei uma pessoa mais disciplinada, principalmente na vida pessoal. O programa ensina que, se fizermos tudo de etapa em etapa, chegaremos a um resultado positivo, assim como na vida pessoal.

Outro participante, por sua vez, declarou, ratificando o sucesso dessa iniciativa:

> O programa, para mim, teve uma enorme importância pelo fato de melhorar a minha performance em cada cliente e de também me permitir levar o que aprendi com ele para outros lugares. Parabéns; o programa é ótimo e funciona!

5.2 ATINGIMENTO DE METAS E CUMPRIMENTO DE PROCESSOS-CHAVE

Para avaliar o impacto do programa de GQT em vendas na E2 foram utilizadas duas bases de informação. A primeira delas consistiu numa consulta efetuada junto à diretoria da empresa, de maneira direta. A segunda base de informação correspondeu às entrevistas realizadas com a equipe, nas quais cada participante pontuava suas impressões sobre o programa. Os registros em ambas as bases são recuperados separadamente nas duas subseções a seguir.

5.2.1 O ATINGIMENTO DAS METAS DE RENTABILIDADE NA E2

Conforme já assinalado, como primeira fonte de informação para avaliar o impacto do programa de GQT em vendas na E2, realizou-se uma consulta junto à diretoria. Esta, por sua vez, apoiou-se na apresentação dos resultados da empresa para prestar as informações necessárias quanto ao atingimento das metas e do cumprimento dos processos-chave.

De acordo com essas informações, nas quais não constaram os números explicitados, soube-se que, no intervalo de um ano desde a implementação do programa – ou seja, de 2018 a 2019, ano em que este segundo estudo estava sendo concluído por parte destes pesquisadores –, alcançou-se a melhoria da rentabilidade que a empresa almejava atingir.

O crescimento em relação à receita não foi apontado nesse intervalo; todavia, importa acrescentar que ele acabaria se dando ao longo do segundo ano após a implementação do programa, cujos resultados não foram considerados por se ter em vista a delimitação temporal proposta para a confecção desta obra.

5.2.2 A PESQUISA COM OS COLABORADORES E TRABALHADORES DA E2 SOBRE OS IMPACTOS DO PROGRAMA NOS RESULTADOS

Na pesquisa aplicada aos colaboradores e aos trabalhadores da E2, foram apresentadas as mesmas questões já observadas em relação à E1. Na percepção deles:

I. se o programa tinha impacto sobre os processos-chave indicados;
II. se esse impacto era relevante para a melhoria do referido processo;
III. se os processos-chave continuariam a melhorar no futuro por meio do programa;
IV. qual a avaliação desses participantes acerca dos treinamentos ministrados para fixar os conceitos do programa.

Em relação à primeira pergunta, na avaliação dos entrevistados, todos os processos-chave pesquisados foram impactados pelo programa, conforme apresentado na Tabela 9.

TABELA 9 – IMPACTO DO PROGRAMA NO CUMPRIMENTO DOS PROCESSOS-CHAVE SEGUNDO A EQUIPE DA E2

Item avaliado	Obteve impacto positivo (%)	Obteve impacto negativo (%)
1. Planejamento do mês	100	–
2. Visitas a clientes e pontos de venda	96,5	3,5
3. Positivação	100	–
4. Presença em loja	79	21
5. Treinamento	100	–
6. Reunião	86,5	13,5
7. Faseamento	85	15
8. Orçamento	83,5	16,5

Fonte: Desenvolvida pelos autores (2019).

Conforme também é possível observar nessa mesma tabela, a unanimidade (100%) quanto ao impacto positivo do programa se deu em relação a três dos oito processos: o de planejamento do mês, o de positivação e o de treinamento. Em quarto lugar, com 96,5% do total, esteve o processo de visitas a clientes e pontos de venda, constatando-que os outros três receberam acima de 80% de avaliação considerada positiva pela equipe comercial – reunião (86,5%), faseamento (85%) e orçamento (83,5%) –, de modo que o menor percentual ficou por conta da presença em loja – ainda assim alta, 79%.

No que se refere ao processo de planejamento, por exemplo, um dos vendedores analisou: "*O programa é um excelente indicativo para o controle e planejamento em cada cliente. Muito importante para sair com o plano desde o início do mês com foco total*".

Também em relação a esse mesmo processo-chave, outro afirmou, acrescentando justamente o último processo-chave mais impactado pelo programa, na opinião dos participantes – a presença em loja: "*Ajudou bastante no planejamento do dia de trabalho e na melhoria em lojas com os pontos extras*".

Um terceiro reforçou essa mesma impressão, enfatizando também o planejamento: "*É um programa que nos auxilia a ter foco e a planejar para ter uma excelência na execução*".

Em relação à segunda pergunta (sobre qual seria o grau de importância do programa para a melhoria de cada processo-chave, sendo que 1 corresponderia a pouco importante e, 5, a muito importante), constatou-se que a equipe reconhece a contribuição do programa para a melhoria de todos os processos-chave, conforme demonstrado na Tabela 10.

TABELA 10 – AVALIAÇÃO DO GRAU DE IMPORTÂNCIA DO PROGRAMA PARA A MELHORIA DE CADA PROCESSO-CHAVE

Processo-chave avaliado da E2	Contribuição (%)				
	1	2	3	4	5
1. Planejamento do mês	3,5	–	3,5	13	80
2. Visitas a clientes e pontos de venda	3,5	3,5	10	21	62
3. Positivação	–	3	13	27	57
4. Presença em loja	11	6	6	27	50
5. Treinamento	3	3	18	7	69
6. Reunião	–	7	13	30	50
7. Faseamento	–	7	20	28	45
8. Orçamento	4	6	13	20	57

Fonte: Desenvolvida pelos autores (2019).

Conforme é possível observar na tabela em questão, o grau máximo de importância do programa para a melhoria de cada processo-chave foi atribuído por ao menos 50% dos entrevistados, à única exceção do processo de faseamento, para o qual 45% deles atribuíram nota 5. Aqui, tal como se verificou em relação ao impacto do programa no cumprimento dos processos-chave, a maior parte dos entrevistados (80%) considerou que o planejamento foi o mais beneficiado pela implementação do programa. Em segundo lugar, destacou-se o treinamento, com 69% da avaliação; em terceiro, com 62%, as visitas.

Quanto à pouca importância do programa de GQT em vendas para a melhoria dos processos, o máximo que se obteve foram 11% dos participantes, segundo os quais ele não teria sido decisivo para o processo-chave da presença em loja. No geral, porém, para pelo menos 73% dos profissionais, o programa "contribuiu" ou "contribuiu muito" para o aperfeiçoamento de cada processo.

Ainda acerca do grau de importância do lançamento do programa para a melhoria de cada processo-chave, um dos entrevistados concluiu, permitindo que se observasse aqui, novamente, a menção indireta ao planejamento: "*Muito importante cada integrante conhecer cada cliente e identificar os pontos positivos e negativos. O programa serve para isso, e as reuniões no início do mês são de extrema importância*".

Para a terceira pergunta endereçada aos participantes (acerca da estimativa em relação aos processos-chave continuarem progredindo no próximo ano), as respostas obtidas por processo-chave encontram-se na Tabela 11.

TABELA 11 – PERCENTUAL DOS PARTICIPANTES DA E2 QUE ACREDITAM QUE O PROCESSO-CHAVE CONTINUARÁ A MELHORAR COM O PROGRAMA

Processo-chave avaliado da E2	Não acreditam (%)	Acreditam (%)
1. Planejamento do mês	6	94
2. Visitas a clientes e pontos de venda	6	94
3. Positivação	3	97
4. Presença em loja	10	90
5. Treinamento	10	90
6. Reunião	10	90
7. Faseamento	6	94
8. Orçamento	6	94

Fonte: Desenvolvida pelos autores (2019).

Em relação à expectativa de que cada processo continuaria sendo aperfeiçoado por meio do programa, chamou a atenção o fato de que, no mínimo, 90% da equipe comercial tenha declarado acreditar nessa evolução para todos os processos-chave. Assim, estabelecendo-se uma relação entre os dados da Tabela 11 com os da Tabela 9, nota-se, por exemplo, que, embora 11% dos entrevistados tenham considerado que o programa não foi importante para a melhoria da presença em loja, 90% deles estimaram que esse processo poderia ser melhorado a partir do próprio programa.

Sobre essa terceira questão, pontualmente, um dos comentários sintetiza o que foi a devolutiva da maioria a esse respeito: "*O programa é uma excelente ferramenta, que precisa continuar, pois só tem a nos ajudar com relação a disciplina, planejamento e execução*".

Por fim, perguntou-se aos colaboradores o que tinham achado dos treinamentos ministrados ao longo do ano para reforçar os conceitos do programa. Os treinamentos foram divididos em manuais, palestras, treinamentos práticos e treinamentos de um dia ou mais no escritório. Numa escala em que 1 também era considerado pouco importante e, 5, muito importante, constatou-se que todas as iniciativas foram consideradas importantes ou muito importantes para o sucesso do programa, como pode ser observado na Tabela 12.

TABELA 12 – GRAU DE IMPORTÂNCIA DADO PELOS PARTICIPANTES DA E2 À CAPACITAÇÃO SEGUNDO AS FORMAS DE TREINAMENTO OFERECIDAS

Treinamento	Contribuição (%)				
	1	2	3	4	5
Capacitação – treinamentos	7	4	14	7	68
Capacitação – manuais	9	4	9	34	44
Capacitação – reuniões	4	–	13	13	70

Fonte: Desenvolvida pelos autores (2019).

Para se ter ideia da importância ou da máxima importância atribuída tanto pelos colaboradores quanto pelos trabalhadores às três formas de capacitação oferecidas pela E2, somando-se as colunas 4 e 5, constata-se que: 75% avaliaram os treinamentos como sendo "importantes" ou "muito importantes"; 78% sinalizaram o mesmo em relação aos manuais disponibilizados; e 83% consideraram o mesmo no que se refere às reuniões realizadas.

Dos depoimentos dados pelos entrevistados, o processo-chave treinamento esteve entre os mais bem comentados. Nas palavras de um deles:

> Com o programa podemos ter treinamentos mensais para agregar conhecimentos e discutir os focos para o mês vigente, o que nos ensina a termos visão estratégica, nos permite ter "olho de dono", nos mostrando o tamanho da importância de cada um, o que nos torna cada vez mais responsáveis.

Outro ainda, assinalando a importância do treinamento e, concomitantemente, o seu interesse pela continuidade do processo, resumiu: *"Quero que continuem os treinamentos para melhorar a cada dia minha performance"*.

Concluída a análise envolvendo o processo de implementação do programa de GQT em vendas pela E2 (no caso, as motivações para a implementação do programa e o método adotado para tanto), bem como os resultados por ela obtidos (referentes ao atingimento das metas estabelecidas e ao cumprimento da realização dos seus processos-chave), o capítulo a seguir se debruça sobre esses mesmos aspectos, mas, agora, no que diz respeito a uma empresa de grande porte: a E3.

QUESTÕES

1. Inicialmente, eram duas as principais motivações da E2 para que se desse a implementação do seu programa de GQT em vendas. E, após essa implementação, uma delas foi cumprida – qual?

2. A partir do programa de GQT em vendas foram implementados oito processos-chave na E2, sendo que, tendo em vista tanto o estudo de caso anterior, envolvendo a E1, quanto o estudo de caso a seguir, envolvendo a E3, o processo-chave identificado pelo número 7 (faseamento) é encontrado apenas na E2.
Em que consistia esse processo?

3. Como tema motivacional e de engajamento para a adesão da sua equipe comercial ao programa de GQT em vendas, a E2 se valeu do judô, de modo que, no manual do programa, foram incorporados os princípios dessa arte marcial, promovendo-se aí uma analogia entre ela e a atividade de vendas. A que correspondem esses três princípios utilizados?

4. A E2 estabeleceu nove pontos relacionados à adesão do programa por parte da sua equipe comercial, aos quais atribuiu o título de "Código do Programa Qualidade Faixa Preta".
Tamanha a sua importância, um deles também consta como processo-chave – qual?

5. Na E2, a apresentação do programa se deu a partir de uma articulação entre a imagem do profissional de vendas e a de um guerreiro das artes marciais (mais especificamente, do judô), de forma que os objetivos alcançados (processos-chave e metas) representassem a conquista de um prêmio icônico ao final de cada mês e a de um prêmio icônico ao final dos doze meses do programa (a conquista final).
Quais foram esses prêmios?

CAPÍTULO 6:

O PROGRAMA DE GQT EM VENDAS EM UMA EMPRESA DE GRANDE PORTE

Dando continuidade aos três estudos de caso, passa-se agora ao terceiro e último deles, no qual também importa recuperar algumas informações já apresentadas acerca da E3, que, à época em que participava desta pesquisa, obtinha um faturamento anual superior a 1 bilhão de reais, fazendo-se presente em todas as regiões do Brasil.

Trata-se de uma empresa pertencente a um dos maiores grupos privados do país, que comercializa produtos de higiene e beleza e que tem nos supermercados e nos atacadistas seus principais canais de distribuição.

No que tange à composição da sua equipe em território nacional, a E3 reunia um total de 1.300 funcionários, sendo que 120 deles integravam a sua área comercial na ocasião em que o estudo se deu, os quais também responderam a um questionário constituído por perguntas abertas e fechadas, disponível como Apêndice B ao final deste livro.

Ainda no que se refere aos profissionais da área comercial, mais especificamente, 15% deles ocupavam posição de liderança – que poderia ser direção ou gerência – e 85%, posições operacionais – caso dos vendedores e promotores de vendas e merchandising. A equipe de promotores de vendas e merchandising era terceirizada, sendo contratada de agências especializadas e com atuação regional.

Para análise, da mesma forma como sucedeu em relação a E1 e E2, às entrevistas concedidas pela equipe comercial da E3 também foram somadas aquelas realizadas com alguns dos executivos contemplados na abordagem fenomenológica – nesse caso, os consultores dessa empresa.

A primeira parte dos resultados corresponde ao tópico 6.1, relacionado ao processo de implementação do programa e aos resultados obtidos pela E3 em 2018 (um ano depois de ele ter sido implementado), que apresenta uma descrição das motivações por parte da diretoria da empresa e o método por ela adotado para que essa implementação fosse possível. Em 6.2 são apresentados os resultados do programa no que diz respeito ao atingimento de metas e ao cumprimento da realização dos processos-chave, dos quais se desdobraram o atingimento das metas de receita líquida e de rentabilidade (6.2.1), a realização dos processos-chave (6.2.2) e a percepção tanto dos colaboradores quanto dos trabalhadores da área comercial em relação aos impactos produzidos por ele nos resultados alcançados (6.2.3).

6.1 AS MOTIVAÇÕES E O MÉTODO DE IMPLEMENTAÇÃO DO PROGRAMA

Responsável pela produção e comercialização de produtos de higiene e beleza, a E3 é uma das empresas de um grupo maior, que comercializa diversos outros produtos. Cada linha de produtos pertence a uma das empresas desse grupo, todas elas geridas de forma independente.

Ao longo da trajetória desta terceira empresa, cujo crescimento da receita foi obtido mais significativamente nos últimos quinze anos que antecederam a realização desta pesquisa, foram adquiridas diversas marcas de outras empresas, as quais foram incorporadas aos produtos originalmente comercializados por ela. Esse crescimento da receita, no entanto, nunca se traduzira em rentabilidade até então, de modo que a E3 jamais obteve lucro no período no qual as aquisições aconteceram.

Em 2016, um novo presidente chegou à E3. Após um extenso diagnóstico e com a colaboração de sua equipe, ele empreendeu diversas mudanças nos processos de fabricação, logística e marketing. No segundo semestre do ano, porém, chegou-se à conclusão de que essas mudanças ainda não tinham sido o bastante, fazendo-se aí necessária a implementação do programa de GQT em vendas, a fim de que a rentabilidade pudesse ser retomada. A esse respeito, o presidente declarou:

> Minha principal responsabilidade na empresa era preservar a receita e melhorar a rentabilidade do negócio. Como já havia implementado de forma bem-sucedida programas de GQT em vendas, decidi, em conjunto com a diretoria, que essa iniciativa seria um divisor de águas para nós.

Uma vez que, conquanto já dispusesse de programas de GQT em outras áreas, a E3 ainda não detinha experiência em relação ao programa de GQT em vendas, foi contratado o serviço de um consultor para a elaboração do programa, elegendo-se um integrante da sua equipe comercial para lhe dar suporte na elaboração do trabalho. Assim, ao consultor e à diretora de trade marketing foi atribuída a responsabilidade de desenvolverem o programa em 120 dias, implementando-o em janeiro de 2017. Conforme o consultor:

> Tivemos tempo suficiente para entender como integrar a equipe, os processos-chave da empresa e as necessidades dos clientes e consumidores com as metas da empresa; em especial, a rentabilidade.

Após as entrevistas realizadas com a diretoria e com representantes de todas as posições na empresa, foi possível definir sete processos-chave, os quais deveriam ser cumpridos por cada integrante da equipe, com adaptações para cada posição comercial. Os processos-chave encontram-se topicalizados e sinteticamente explicitados no Quadro 29.

QUADRO 29 – OS SETE PROCESSOS-CHAVE DO PROGRAMA DE GQT EM VENDAS DA E3

Processo-chave	Resumo
1. Planejamento do mês	Ação de planejar quando cada um dos clientes seria visitado, quanto se buscava vender em cada um dos clientes e qual o recurso que seria destinado a cada negociação. Na data desse planejamento, era efetuado o envio de duas planilhas por profissional de vendas. O gerente de vendas pontuava se enviasse a sua planilha sistemática de visitas e a de desdobramento de metas e recursos e se todos os gestores sob seu comando enviassem as mesmas planilhas nessa data. Já o diretor comercial pontuava se todos os gerentes de vendas e os seus gestores de vendas enviassem as planilhas nessa data. E o presidente, por sua vez, pontuaria se todos os seus diretores pontuassem.
2. Visitas a clientes e pontos de venda	Visitação às lojas dos varejistas atendidos direta ou indiretamente pela empresa. O presidente e os diretores comerciais deviam realizar pelo menos dez visitas a pontos de venda atendidos pela sua equipe de gerentes e vendedores. Esses gerentes e vendedores deviam visitar pelo menos quarenta pontos de venda da sua carteira de clientes. E os promotores de vendas e merchandising deviam visitar todos os clientes do seu roteiro de visitas na frequência estipulada no roteiro.
3. Positivação	Ação de vender para o cliente dentro do mês: • 50% dos pontos desse processo eram obtidos se pelo menos 90% dos clientes da sua carteira fossem positivados com alguma das categorias da empresa; • 25% dos pontos eram obtidos se pelo menos 90% da carteira de clientes do profissional de vendas fosse positivada com a categoria-foco principal; • 25% dos pontos restantes eram obtidos se pelo menos 90% da carteira fosse positivada com a categoria elegida como segunda prioridade.
4. Presença em loja	Processo relacionado à disponibilização dos produtos nas gôndolas dos pontos de vendas: • 50% dos pontos eram obtidos se o seu índice de presença geral fosse igual ou superior a 70% nas visitas realizadas e registradas na ferramenta de apuração; • 25% dos pontos eram obtidos se o índice de presença da categoria-foco 1 fosse igual ou superior a 70%; • 25% dos pontos eram obtidos se o índice de presença da categoria-foco 2 fosse igual ou superior a 70%; • Se o gestor não tivesse nenhuma loja auditada pela ferramenta de apuração, a pontuação referente a este processo migraria para o terceiro processo-chave: o da positivação.

(continua)

(continuação)

5. Treinamento	Realização de treinamento para a equipe de vendas e merchandising. O gerente de vendas pontuava quando ministrava o treinamento, a ser realizado em conjunto com a reunião mensal de planejamento. Os vendedores e promotores de vendas e merchandising pontuavam por participar do treinamento e fazer a prova.
6. Orçamento	Tratava-se de cumprir o orçamento de investimentos de vendas e trade marketing delegado à gestão do diretor comercial ou do gerente de vendas.
7. Reunião	Organização de uma reunião mensal com a equipe de gestores de vendas, supervisores de merchandising e promotores de vendas e merchandising sob sua gestão. Nessa reunião eram feitos o planejamento do mês, o treinamento e todas as rotinas administrativas para o bom funcionamento da equipe durante o próximo período. O diretor comercial pontuava quando todos os gerentes sob seu comando realizavam a reunião.

Fonte: Desenvolvido pelos autores (2019).

Na E3, além dos cumprimentos dos processos-chave, cada integrante da equipe comercial era avaliado a partir de quatro metas:

I. o atingimento da receita total do mês;
II. o atingimento da receita da primeira categoria-foco;
III. o atingimento da receita da segunda categoria-foco;
IV. o atingimento ou a superação da expectativa da margem de contribuição.

Tanto os processos-chave quanto as metas deviam ser atingidos mensalmente. Assim, ao cumprir os processos-chave e atingir essas metas, cada integrante alcançava determinada pontuação e, de acordo com ela, calculava-se a remuneração variável da equipe, que poderia chegar a até 80% da remuneração fixa, desde que fossem atingidos 75 pontos de um total de 100. Dado que a E3 pagava bônus anuais para a equipe, estes também foram associados ao programa de GQT em vendas, desde que o integrante atingisse 1.020 pontos no ano.

Uma vez definidos os processos-chave do programa da E3, o presidente e a diretoria, em conjunto com o consultor e o líder do projeto, dedicaram-se a avaliar a viabilidade de utilizar um ícone para motivar a equipe a participar do programa de GQT em vendas. Para tanto, foram avaliados três grupos de possíveis ícones: animais, militarismo e artes marciais, sendo que, após uma enquete com a equipe comercial, decidiu-se pela utilização do ícone das artes marciais, apresentando-se o que a própria E3 intitulou como "o caminho para a faixa preta", isto é, a cada 75 pontos alcançados no mês, os profissionais mudavam de faixa no programa. Dessa forma, ao final de doze meses em que tivessem sido "excelentes", eles receberiam a "faixa preta em vendas", conforme a divulgação no próprio material lançado por essa empresa.

Conforme um dos gerentes de vendas entrevistados:

> Com o Programa Faixa Preta, trabalhamos no mesmo formato todos os integrantes da equipe, inclusive os gerentes e diretores. Vou levar como experiência para toda minha vida, onde for passar no futuro ou até mesmo aplicando na empresa no dia a dia.

Além disso, para a implementação do programa, decidiu-se ainda pela manutenção do líder do programa, o qual, durante a implementação dele, também contou com o apoio da consultoria. No mais, contratou-se uma auditoria externa para que também fosse monitorado o desempenho da equipe e apurada qualquer inconsistência.

Após a elaboração da apresentação para a equipe e das planilhas de apuração de cada meta e processo-chave, o programa de GQT em vendas foi lançado em janeiro de 2017 num evento realizado em uma academia de artes marciais. A realização desse evento foi dividida em duas partes: uma motivacional, com a participação de medalhistas olímpicos e de professores de artes marciais, e uma técnica, que ocorreu na sequência, na qual cada item do programa foi apresentado com detalhes para a equipe.

6.2 ATINGIMENTO DE METAS E CUMPRIMENTO DE PROCESSOS-CHAVE

Para avaliar o impacto do programa de GQT em vendas na E3, foram utilizadas duas bases de informação. A primeira delas foi a "apresentação de resultados da empresa", sendo essa uma apresentação realizada pelo presidente dessa empresa, a qual ocorreu no início de 2018 para toda a sua equipe. A segunda base de informação foi uma pesquisa realizada com a equipe comercial que se deu por meio de entrevistas nas quais cada participante pontuou suas impressões sobre o programa. Os registros em ambas as bases são recuperados separadamente nas três subseções a seguir.

6.2.1 O ATINGIMENTO DAS METAS DE RECEITA LÍQUIDA E DE RENTABILIDADE

O atingimento das metas de receita líquida e de rentabilidade é o indicador que demonstra a evolução do faturamento para os clientes, isto é, é a receita da companhia. Contudo, como a E3 já contava com uma receita superior a 1 bilhão de reais, verificou-se que ela acabou obtendo resultados mensurados no que se referiu não apenas à receita, como também à rentabilidade – a principal motivação para a implementação do programa. As metas eram mensais, as quais, por sua vez, compuseram o resultado anual.

Na Tabela 13, pode-se observar que houve um crescimento discreto de receita e, principalmente, uma melhora da rentabilidade, que pela primeira vez na história recente foi positiva.

TABELA 13 RESULTADO DE RECEITA E RENTABILIDADE APÓS O LANÇAMENTO DO PROGRAMA

Evolução da meta	Ano anterior	Ano de implementação	Ano de implementação vs. ano anterior – Crescimento (%)
Receita	Superior a R$ 1 bilhão	Superior a R$ 1 bilhão	0,5 %
Margem de contribuição	–2%	6%	400%

Fonte: Desenvolvida pelos autores (2019).

Conforme a análise dos materiais a partir das duas bases de informação permitiu depreender, a obtenção desse indicador foi possível principalmente por quatro motivos em particular, os quais fizeram parte das metas e dos processos-chave:

I. a comercialização pela equipe de produtos mais rentáveis, que compunham os itens-foco do programa;
II. o cumprimento do orçamento dedicado a cada integrante da equipe;
III. a implementação da política de preços;
IV. a inserção da meta que avaliou o atingimento da margem de contribuição por parte de cada profissional.

O diretor comercial se referiu a esse desempenho na sua fala:

> Antes da implementação do programa de GQT em vendas, a equipe vendia muito, mas sem preocupação com rentabilidade. A partir do momento em que começamos a demandar através do programa que cada um cumprisse o orçamento e vendesse os itens de maior rentabilidade, o atingimento do resultado começou a acontecer de forma consistente.

6.2.2 A REALIZAÇÃO DOS PROCESSOS-CHAVE NA E3

Além do atingimento e da superação das metas propostas por ocasião da concepção do programa, também foi avaliado o desempenho em cada um dos processos-chave que o compõe, a começar pelo primeiro deles, que corresponde ao planejamento mensal.

Antes da implementação do programa de GQT em vendas, cada gerente de vendas realizava seu planejamento da forma que acreditava ser a mais adequada. Assim, havia gerentes que realizavam reuniões mensais, outros que as realizavam trimestralmente e até mesmo aqueles que as planejavam sem consultar a equipe. Não existia, portanto, uma uniformidade nessa atividade. Todavia, uma vez implementado, o programa de GQT em vendas passou a avaliar e pontuar cada integrante pela realização do planejamento mensal. Nesse novo cenário, competia a cada integrante planejar quanto venderia para cada cliente, qual verba seria necessária para tanto e quando seria realizada a visita para efetuar a negociação. Esse processo-chave foi cumprido todos os meses por cada gerente, em conjunto com a sua equipe.

A esse respeito, segundo um dos vendedores:

> O programa vem para agregar à nossa rotina, contribuindo de forma positiva na construção de planos para os clientes. Com maior assertividade através do planejamento feito no primeiro dia útil do mês, nosso trabalho ficou ainda mais produtivo.

No que concerne ao processo-chave seguinte, o da visita a clientes e pontos de venda, antes da implementação do programa de GQT em vendas, não havia dados sobre a quantidade de visitas feitas às lojas dos clientes. Muitas negociações eram efetuadas com os compradores, sendo que os vendedores estavam despreparados, pois não sabiam qual era o desempenho dos produtos nas lojas e quais ações a concorrência estava realizando. Já em 2017, após a implementação do programa de GQT em vendas na E3, foram contabilizadas mais de 100 mil visitas realizadas aos pontos de venda ao longo do ano, o que mudou a rotina da equipe de vendas e melhorou a qualidade das negociações efetuadas.

Um gerente de vendas declarou:

> A equipe de campo está mais focada nos objetivos, respeitando os horários, não falhando nas visitas, procurando resolver cada vez mais problemas de rupturas em loja, limpando estoques virtuais e ajustando parâmetros nos clientes.

Na sequência à visitação, o processo avalia a positivação nos clientes, isto é, dos clientes que cada vendedor visita e atende, avalia quantos efetivamente compram ao longo do mês. Aqui, a positivação mensal, que era de 35% antes da implementação do programa de GQT em vendas na E3, alcançou 91% depois dela. Isso porque, todos os meses, a equipe passou a vender para todos os clientes não só o produto mais vendido, como também os itens de menor venda, mas de alta rentabilidade.

Um vendedor destacou:

> A implementação do programa excelente faz com que tenhamos foco nas vendas, buscando melhorar a rentabilidade através da presença do mix adequado de produtos nas lojas.

Além de positivar os clientes, no processo-chave seguinte – presença dos produtos em loja –, também se verificou uma alteração: uma vez que os produtos chegassem aos depósitos, a equipe passou a atuar a fim de que eles fossem rapidamente disponibilizados para a compra pelo consumidor final, aumentando, assim, as vendas dos produtos. Em vista disso, a presença dos produtos em loja, que antes da implementação do programa era de 56%, subiu para 90%, o que aumentou as vendas principalmente dos produtos de menor giro e maior rentabilidade, que muitas vezes não eram expostos.

Acerca dessa mudança, um promotor de vendas e merchandising refletiu:

> Me sinto muito mais bem preparado para o meu dia a dia, e os resultados de rupturas têm melhorado a cada mês. Sei qual produto deve ser ofertado ao consumidor em cada loja e dou maior foco àqueles mais rentáveis, o que não fazia antes.

No processo-chave adiante, referente ao treinamento, os treinamentos mensais da E3 aconteciam no mesmo dia do planejamento. A equipe, que recebia treinamentos de maneira irregular e passava longos períodos sem treinamento nenhum, passou a receber treinamentos mensais, os quais eram elaborados pela consultoria. A combinação de planejamento mensal com treinamentos para capacitar a equipe demonstrou ser muito útil para a empresa, como explicou um vendedor:

Através dos treinamentos e da execução das atividades do programa, estou mais preparado para o controle das atividades diárias, sem falar que contribuiu também para o meu desenvolvimento profissional.

Em penúltima posição na ordem de apresentação do Quadro 29 está o orçamento, um processo-chave igualmente importante. Isso porque, antes do início do programa de GQT em vendas, os vendedores muitas vezes investiam mais do que o orçado para efetuar as melhores negociações – o que assegurava a receita, sem, todavia, assegurar que a negociação fosse a mais rentável para a empresa. Com esse processo estabelecido por meio do programa, cada participante passou a planejar e a executar as vendas de acordo com o orçamento estabelecido. E, uma vez que todos os integrantes passaram a cumpri-lo, o planejamento se tornou mais assertivo e as vendas, mais rentáveis.

Segundo um gerente de vendas:

> Eu tinha muitos problemas de controle de orçamento, hoje já estou alinhado totalmente com o programa e com a empresa. É muito gratificante saber que supero todos os meses o que é esperado de mim, tanto de receita quanto de rentabilidade.

O último processo-chave, que consiste na realização de reuniões mensais por parte da equipe, foi um processo que contribuiu para estruturar todo o programa, pois nessa reunião – que acontecia todos os meses no primeiro dia útil do mês – era realizado o planejamento mensal pelos participantes e eram ministrados os treinamentos preparados pela consultoria.

Todas as reuniões aconteceram tal como o previsto. De acordo com um promotor de vendas e merchandising:

> As reuniões possibilitaram maior alinhamento com o time de vendas, pois trouxe uma maior aproximação da realidade do campo e maior agilidade na solução. Possibilitou também maior padronização orientada para resultados e melhoria contínua.

6.2.3 A PESQUISA COM OS COLABORADORES E TRABALHADORES DA E3 SOBRE OS IMPACTOS DO PROGRAMA NOS RESULTADOS

Além do atingimento das metas e do cumprimento dos processos-chave, a pesquisa realizada com os colaboradores e trabalhadores da E3, por meio das perguntas abertas e fechadas disponibilizadas como Apêndice A ao final deste livro, permitiu compreender como cada participante do programa avaliou a implementação dele na empresa.

Em relação à primeira pergunta, foi avaliado como o programa impactou as vendas e o cumprimento dos processos-chave, sendo que, segundo ao menos 90% dos entrevistados, ambos obtiveram um impacto positivo, como está demonstrado na Tabela 14.

TABELA 14 – IMPACTO DO PROGRAMA NO CUMPRIMENTO DAS METAS E DOS PROCESSOS-CHAVE SEGUNDO OS PARTICIPANTES

Item avaliado	Obteve impacto positivo (%)	Obteve impacto negativo (%)
Atingimento das vendas totais	90	10
Atingimento das vendas das categorias-foco	96	4
1. Planejamento mensal	96	4
2. Visitas a clientes e pontos de venda	100	0
3. Positivação	91	9
4. Presença em loja	97	3
5. Treinamento	99	1
6. Orçamento	98	2
7. Reunião	96	4

Fonte: Desenvolvida pelos autores (2019).

Os resultados elencados corroboram, portanto, não apenas a conclusão de que o programa de GQT em vendas foi positivo para a E3, mas, ainda, que quase a totalidade da equipe entendeu os benefícios por ele oferecidos.

Um dos gerentes de vendas reforçou:

> Gostei do programa, pois nos traz visibilidade de qual será o foco da empresa, trazendo também processos que nos ajudam a organizar nosso tempo para poder preparar o ponto de venda e o atendimento ao cliente, tendo em mão as informações necessárias para uma melhor negociação. Outro ponto é a variável que ficou atingível; isso motiva a sempre buscar os objetivos para fazer um melhor resultado.

Os entrevistados foram também questionados sobre qual seria, na sua avaliação, o grau de importância do lançamento do programa para a melhoria de cada processo-chave, sendo que 1 corresponderia a pouco importante e, 5, a muito importante. Nesse quesito, constatou-se que a equipe reconhece a contribuição do programa – como sendo importante ou muito importante – para a melhoria de todos os processos-chave, conforme demonstrado na Tabela 15.

TABELA 15 – AVALIAÇÃO DO GRAU DE IMPORTÂNCIA DO PROGRAMA PARA A MELHORIA DE CADA PROCESSO-CHAVE

Processo-chave avaliado da E3	Contribuição (%)				
	1	2	3	4	5
1. Planejamento do mês	3	–	5	24	68
2. Visitas a clientes e pontos de venda	–	–	1	20	79
3. Positivação	1	5	10	42	42
4. Presença em loja	–	–	4	34	62
5. Treinamento	1	2	5	24	68
6. Orçamento	8	3	11	32	46
7. Reunião	11	6	11	37	35

Fonte: Desenvolvida pelos autores (2019).

Visando mais uma vez a uma compreensão mais aprofundada acerca do que configurou essa melhoria, foi organizado um quadro com os depoimentos acerca dos benefícios obtidos com o programa, uma vez que, aqui, também se pôde concluir que ele contribuiu para alinhar os planos de trabalho dentro da empresa, bem como entre ela e os clientes, além de se constituir igualmente como um programa claro e formalizado de reconhecimento do desempenho de cada profissional – o que motivou a participar e a superar as suas metas.

No Quadro 30, encontram-se alguns desses depoimentos para efeito de ilustração, divididos segundo uma classificação que foi feita a partir da leitura deles, durante a qual se identificou que, essencialmente, os conteúdos desses depoimentos remetiam sempre a uma das três questões já verificadas também em relação aos depoimentos obtidos junto à E1: (A) alinhamento, (B) reconhecimento e (C) motivação. Destaca-se ainda que, entre eles, novamente não foi encontrado qualquer depoimento negativo sobre o programa, mesmo por parte daqueles que não lhe tinham atribuído nota máxima.

QUADRO 30 – BENEFÍCIOS OBTIDOS COM O PROGRAMA: ALINHAMENTO, RECONHECIMENTO E MOTIVAÇÃO

Benefícios	Depoimentos
(A) Alinhamento	"No passado, trabalhávamos no escuro, não sabíamos se estávamos vendendo a quantidade certa por cliente da forma mais rentável para a companhia. Hoje tenho informação de como estou investindo no cliente e como posso fazer para recuperar sua queda de vendas ou crescer ainda mais, pois trabalhamos alinhados e com formato único, implementado através do programa de GQT em vendas." (Vendedor) "Na minha opinião é um excelente programa, pois padroniza o método de vendas e processos, em que todos possuem a mesma técnica para planejar e executar a venda e o pós-venda. Me sinto muito fortalecido para enfrentar os desafios do dia a dia após a implementação do programa." (Vendedor)
(B) Reconhecimento	"Antes do programa, eu não sabia qual era meu nível como profissional de vendas, pois era remunerado pelo atingimento de alguns objetivos, sem acompanhar como os demais estavam indo. Agora, não apenas sei qual é o meu estágio de desenvolvimento, como também tenho, através dos treinamentos ministrados todos os meses, oportunidades de me preparar e de assim obter melhores resultados e ser reconhecido por isso." (Vendedor) "Antes do programa, cada integrante da equipe buscava bater a sua meta, sem se preocupar com o atingimento dos processos-chave e com o crescimento da companhia como um todo. Ao serem inseridos prêmios icônicos todos os meses, a equipe se sentiu não só muito valorizada, como também preparada. Alguns integrantes me disseram que passaram até a colocar os prêmios em seus currículos." (Gerente de vendas) "Na convenção de vendas, quando recebi o prêmio pelo melhor desempenho ao longo do ano, entregue pelos diretores e pela minha família, tive provavelmente o dia mais emocionante de toda a minha vida profissional. Foi uma sensação indescritível, que coroou todo o trabalho feito." (Gerente de vendas)
(C) Motivação	"O programa contribuiu para que eu melhore não apenas a minha vida profissional, como também a minha vida pessoal. Por exemplo, hoje planejo melhor minhas contas pessoais e como aproveitar o tempo que tenho com a minha família, pois para tudo temos que nos planejar para obter o melhor resultado possível. Sou muito grato ao programa!" (Vendedor) "As dinâmicas para a apresentação do programa para a equipe foram inesquecíveis. Estávamos acostumados a reuniões longas em escritórios e hotéis, e ter acesso a um programa dessa natureza, com uma dinâmica envolvente, contribuiu muito para que toda a equipe se comprometesse com a superação dos desafios apresentados." (Vendedor)

Fonte: Desenvolvido pelos autores (2019).

A terceira pergunta endereçada aos participantes consistia em saber se, na opinião deles, os processos-chave continuariam a progredir no próximo ano. As respostas obtidas por processo-chave encontram-se na Tabela 16.

TABELA 16 – PERCENTUAL DOS PARTICIPANTES QUE ACREDITAM QUE O PROCESSO-CHAVE CONTINUARÁ A MELHORAR COM O PROGRAMA

Processo-chave avaliado da E3	Não acreditam (%)	Acreditam (%)
1. Planejamento do mês	3	97
2. Visitas a clientes e pontos de venda	–	100
3. Positivação	–	100
4. Presença em loja	1	99
5. Treinamento	3	97
6. Orçamento	9	91
7. Reunião	10	90

Fonte: Desenvolvida pelos autores (2019).

Por fim, aqui também se perguntou aos entrevistados o que tinham achado dos treinamentos ministrados ao longo do ano para reforçar os conceitos do programa. Os treinamentos da E3 foram divididos em treinamentos práticos e treinamentos de um dia ou mais no escritório, manuais e reuniões. Numa escala em que 1 também era considerado pouco importante e, 5, muito importante, constatou-se que, para ao menos 50% dos entrevistados, todas as iniciativas foram consideradas muito importantes para o sucesso do programa, como pode ser observado na Tabela 17.

TABELA 17 – GRAU DE IMPORTÂNCIA DADO PELOS PARTICIPANTES À CAPACITAÇÃO SEGUNDO AS FORMAS DE TREINAMENTO OFERECIDAS

Treinamento	Contribuição (%)				
	1	2	3	4	5
Capacitação – treinamentos	1	3	5	26	65
Capacitação – manuais	–	2	12	36	50
Capacitação – reuniões	–	1	4	17	78

Fonte: Desenvolvida pelos autores (2019).

Um dos gerentes de vendas explicou os benefícios que os treinamentos ofereceram para o seu desempenho e o da equipe que liderou durante o primeiro ano de implementação do programa:

> O programa oferece um manual prático com todas as orientações necessárias de como agir para atingir os resultados. Profissionalmente falando, hoje sou uma pessoa muito mais organizada e segura na tomada de decisões e sei exatamente onde devo focar e os pontos a melhorar.

No geral, esse último depoimento foi ratificado por outros, efetuados por participantes com o mesmo posto e também atuantes em outros cargos, a exemplo do que pode ser verificado no relato de um vendedor:

> Foi muito importante realizar os treinamentos oferecidos. Estou muito preparado e muito motivado para ser um profissional melhor e entregar os resultados que a empresa espera de mim. Sinto que isso me ajuda a atingir os meus objetivos e que vai ajudar a mim e a minha família a termos um futuro melhor.

No início de 2018, os resultados da empresa e do programa foram apresentados à equipe toda. O participante com o melhor desempenho recebeu um troféu e uma faixa preta, metaforicamente representando a excelência de seu desempenho. Após a entrega, esse mesmo participante relatou:

> Foi o momento mais emocionante da minha vida profissional. Fui reconhecido pela empresa. Isso aconteceu porque acreditei no programa e incansavelmente persegui o cumprimento das metas e processos-chave. Foram aprendizados que espero transmitir sempre para a minha equipe e, também, para a minha filha.

Nessa ocasião, o programa foi relançado. A empresa utilizou novamente a metáfora das artes marciais e realizou um evento de lançamento com características semelhantes ao do primeiro. Para apoiar o programa, contou-se novamente com a presença de um colaborador dedicado e da consultoria especializada. Os resultados voltaram a ser positivos, com um crescimento da receita de dois pontos percentuais em comparação com o ano de lançamento. A rentabilidade também melhorou e chegou a 9% – três pontos percentuais acima do ano anterior e onze pontos percentuais superior ao ano em que o programa foi lançado, o que demonstrou que os resultados, em especial a rentabilidade, se deram de forma contínua.

Concluída a análise envolvendo o processo de implementação do programa de GQT em vendas pela E3 (no caso, as motivações para a implementação do programa e o método adotado para tanto), bem como os resultados por ela obtidos (referentes ao atingimento das suas metas e ao cumprimento da realização dos seus processos-chave), o capítulo a seguir se debruça sobre os resultados advindos do grupo focal.

Quanto à análise da qual esses resultados derivam, ela está dividida em três partes, tendo em vista as três categorias recortadas do livro de Tragtenberg (1977), buscando-se agora não mais a avaliação dos impactos da implementação do programa de GQT em vendas na perspectiva dos colaboradores e trabalhadores, mas, exclusivamente, a percepção dos próprios trabalhadores por ela diretamente impactados no exercício da sua função.

QUESTÕES

1. Assim como na E1, foram implementados sete processos-chave no programa de GQT em vendas da E3. Além deles, a equipe também passou a ser avaliada a partir do atingimento de quatro metas específicas. Quais foram elas?

2. No processo-chave identificado como 1 (planejamento), cada participante precisava realizar seu planejamento individual, que consistia no detalhamento de três informações específicas. Quais eram essas informações?

3. O ícone utilizado no programa de GQT em vendas da E3 para engajar e motivar seus participantes foi um tipo de arte marcial, sendo que, junto dele, outras duas categorias de ícones foram avaliadas para utilização. Quais foram elas?

4. Depois de doze meses sendo excelentes no programa de GQT em vendas, os participantes da E3 recebiam um prêmio icônico. Que prêmio era esse?

5. No ano seguinte à implementação do programa, pôde-se observar que a rentabilidade da E3 foi muito superior à do ano anterior, sendo que, de acordo com o exposto neste capítulo, foram quatro os motivos para esse resultado. Cite quais são eles.

CAPÍTULO 7:

O PROGRAMA DE GQT EM VENDAS NA PERCEPÇÃO DOS TRABALHADORES

Haja vista a oportunidade encontrada durante o primeiro estudo de caso realizado, também foi dessa primeira empresa – a E1 – que se constituiu a amostra para o grupo focal. A esse respeito, entendeu-se a relevância de que, além do parecer quanto aos impactos produzidos pelo programa de GQT em vendas em relação aos resultados almejados pela organização,[17] os *trabalhadores*, em particular, pudessem manifestar seu posicionamento acerca dos impactos por ele promovidos na própria atuação.

Assim, retomando-se de modo geral as informações já oportunamente apresentadas no Capítulo 4, foram selecionados sete entrevistados dos 38 integrantes da equipe do departamento comercial. Aqui, eles são também reportados como "respondentes", identificados por meio da letra "R", distinguidos entre R1 e R7, segundo a ordem em que, à época, R1, R2, R3, R4 e R5 eram promotores de vendas e merchandising; R6 e R7 eram, por sua vez, vendedores.

Posto que cada um deles ocupava esses dois diferentes cargos na mesma área, a aplicação do método buscou promover a aproximação entre as questões que lhes eram formuladas e sua própria rotina de trabalho a partir da exibição de trechos de três filmes: *Um senhor estagiário* (2015), *Os incríveis*

---

[17] Parecer, portanto, até aqui apreendido segundo a percepção tanto dos seus colaboradores (presidente, diretor comercial, gerente de vendas e consultor) quanto dos seus trabalhadores (promotores de vendas e merchandising e vendedores), sendo que, em relação a essa distinção, ela já foi estabelecida anteriormente nesta obra.

(2004) e *Amor sem escalas* (2009) – detalhados mais adiante, em cada uma das três subseções. Para a análise dessa interação, foram consideradas as três categorias também já inicialmente citadas, correspondentes às críticas extraídas do livro de Tragtenberg (1977):

I. a realização de atividades predefinidas e padronizadas;
II. o domínio da burocracia sobre o trabalhador;
III. o foco no resultado e na eficiência.

Este capítulo, portanto, se constitui de cada uma dessas dimensões tratada num tópico específico – em 7.1, 7.2 e 7.3, respectivamente.

7.1 A REALIZAÇÃO DE ATIVIDADES PREDEFINIDAS E PADRONIZADAS

No filme *Um senhor estagiário*, de 2015, escolhido para retratar a realização de atividades predefinidas e padronizadas criticada por Tragtenberg (1977), Anne Hathaway é Jules Ostin, a criadora de um bem-sucedido site de vendas de roupas. Com o objetivo de reintegrar os idosos à vida ativa de forma considerada digna, a empresa da personagem inicia um projeto no qual eles são contratados como estagiários, sendo que, nesse programa, o destaque das contratações em questão é Ben Whitaker, interpretado por Robert De Niro. Viúvo, Ben tem uma vida que ele próprio considera "sem graça", o que o leva a vislumbrar o estágio como "uma grande oportunidade". Juntos, ele e Jules firmarão uma sólida amizade, apesar do conflito geracional.

A cena apresentada ao grupo focal é iniciada com Ben sendo apresentado a Jules, que é muito franca em lhe dizer que não está feliz em ter um estagiário idoso trabalhando diretamente com ela e que, em decorrência disso, Ben deveria solicitar transferência. Ben, no entanto, agradece-a e recusa essa "recomendação". Ao iniciar o estágio, no entanto, ele não é chamado para nenhuma atividade. Aparentemente descontraído e informal, com todos conectados aos seus computadores efetuando vendas de roupas *on-line*, o ambiente demonstra, na verdade, uma alta padronização, com toda a equipe desempenhando do mesmo modo suas tarefas e tendo atitudes pessoais igualmente semelhantes. Ben, com seu estilo antiquado, vai conquistando seu espaço, seja por meio da gentileza em ajudar outras pessoas nos seus afazeres – gentileza não praticada por nenhum de seus colegas –, seja aconselhando os demais acerca de problemas profissionais e pessoais que eles mesmos apresentem.

Segundo Tragtenberg (1977), Taylor foi o primeiro a estudar e a elaborar o que viria a ser uma Teoria Geral da Administração. Por meio de um sistemático estudo dos tempos e dos movimentos necessários para que os trabalhadores executassem suas tarefas, ele redefinia de que forma o trabalho necessário para a produção de um bem seria executado. Para o autor, "o estudo do tempo e a cronometragem definem-se como pedra angular do seu sistema de racionalização do trabalho" (TRAGTENBERG, 1977, p. 73).

Conforme já abordado no Capítulo 2 acerca da GQT, embora de uma forma um pouco diferente, a qualidade total também enfocará a questão dos tempos e dos movimentos, tal como o faz a abordagem original de Taylor. Todavia, no lugar dos tempos máximos que lá cada trabalhador poderia dedicar ao trabalho se fosse mais eficiente, aqui os programas de GQT privilegiarão os tempos ótimos. Assim, esse feito se dá a partir da burocracia e de um processo intrínseco de dominação que permite o atingimento de fins práticos por meio de cálculos cada vez mais precisos dos meios a serem utilizados (PRESTES MOTTA, 1985).

Para R1, a rotina desse tipo, semelhante à preconizada por Taylor e pela qualidade total, podia ser uma fonte de alienação e desmotivação, pois *"fazer trabalhos repetitivos e isolados atrapalha a performance da empresa, porque, se a coisa fica muito repetitiva, não há nenhuma inovação, aí vem uma empresa inovadora e engole"*. R5 concordou com esse ponto de vista e exemplificou, baseando-se no próprio filme: *"Não tem união de equipe; é cada um por si, preocupado apenas em fazer as suas atividades que já estão definidas"*. Desses dois depoimentos, portanto, evidencia-se o isolamento na fala de um e, na de outro, a falta de união – o "cada um por si" – como algo em comum.

Durante o longa-metragem, observou-se que o personagem vivido por De Niro não se enquadrava no modelo de trabalho em que se encontrava, até mesmo pelo fato de que ele sequer saberia como executá-lo, visto que não dominava as tecnologias necessárias para isso. Nesse sentido, R6 pontuou: *"A geração passou, ele ficou para trás, mas ele quer colocar sua experiência em prática, quer agregar. Não adianta saber usar a tecnologia, se não quiser fazer a diferença"* – consideração esta que pode ser aplicada ao contexto da implementação do programa de GQT em vendas e que, por isso mesmo, enfatiza a necessidade de que o desejo de "fazer a diferença" seja fomentado nos funcionários da empresa por meio de iniciativas que visem à sua motivação. Do contrário, a implementação do programa em si mesma não se bastaria como uma solução para os objetivos almejados.

Essa característica do personagem impressionou muito todos os entrevistados, que dedicaram boa parte do debate a tratar dela. Para R1, *"Ele é uma pessoa mais idosa, procura o que fazer, ajuda um, aconselha o outro e vai encontrando o seu espaço"*, ao que R4 concordou: *"Ele se adapta no que consegue fazer, se tornando útil para a empresa"*. R5 também ratificou esse entendimento, considerando que muitos problemas que ele próprio enfrentava no seu dia a dia não eram resolvidos pela simples execução das atividades padronizadas, mas, sim, pelo trabalho em equipe (e, novamente, surgiu a menção ao trabalho em equipe), que se aproximava de um modelo de gestão independente mais próximo daquele que Tragtenberg (1977) acreditava ser uma alternativa ao modelo burocrático – a autogestão:

> O meu chefe sempre falava, quando tínhamos um problema aparentemente insolúvel, para fazermos uma tempestade de ideias. Nós nos reuníamos, cada um relatava sua dificuldade e os demais propunham soluções criativas a partir de suas próprias experiências. Sempre saíamos com uma boa solução.

R1, voltado à mesma problematização, compartilhou outro exemplo pessoal:

> Quando entrei na empresa, fazia dez mercados. Um dia, voltando para casa, vi uma loja de uma rede de supermercados. Parei e, ao olhar a loja, percebi que os nossos produtos estavam muito mal executados. Abasteci as gôndolas e os pontos extras e deixei

meu telefone com a gerente. Poderia não ter parado e não feito isso, mas eu queria fazer diferente.

De um lado, apesar desse declarado incômodo causado pela realização de atividades predefinidas e padronizadas – tendo em vista os diversos exemplos dados pelos entrevistados de como, quando necessário, eles mesmos descumpriam o roteiro-padrão para inovar e colocar a sua criatividade em ação –, a padronização, por outro, oferecia-lhes segurança. Tratava-se da segurança de saber o que devia ser feito, do que se esperava deles. Nesse sentido, R5 se manifestou: "*Eu quero estar preparado. Por isso, o programa de gestão da qualidade total em vendas e merchandising funciona e dá certo. Você estuda, você se prepara e você executa. As lojas ficam perfeitas*".

A questão da padronização foi muitas vezes comparada, de forma elogiosa, com as atividades militares e esportivas. Como disse R6: "*No esporte, quando você está cansado, você tem que treinar mais. A rotina te deixa afiado e, como no esporte, ajuda a melhorar o resultado, apesar de poder te deixar engessado às vezes*".

Mediante essa fala, pode-se considerar que a empresa foi assertiva ao se valer das artes marciais como tema de motivação para a implementação do programa de GQT em vendas, visando ao envolvimento da equipe. Todos os participantes começavam com a classificação de faixa branca em vendas, tendo como objetivo chegar à faixa preta. E, por parte desses respondentes que participaram do grupo focal, o que se verificou foi uma adesão a essa proposta tanto no que diz respeito ao "espírito esportivo" quanto no que diz respeito ao "espírito de equipe".

R2, por sua vez, concordou com essa fala anterior e agregou outra comparação:

> Já falei para o diretor. O negócio é ter uma formação. Você pode estar na empresa que quiser. Se não tiver uma formação boa, não tem jeito. Nós trabalhamos com as pessoas. Repetimos o que deve ser feito, todos os dias. Não desistimos. Se necessário, de segunda a segunda. Nós somos tipo um grupo de extermínio.

Esse tipo de comparação, a propósito, já havia sido identificado por Tragtenberg (1977, p. 78), para quem "elemento básico na teoria clássica da administração, em Taylor e Fayol, é o papel conferido à disciplina copiada dos modelos das estruturas militares".

A segurança proveniente da predefinição da atividade, por sua vez, é um fator de motivação para todos, pois, mais do que o reconhecimento da empresa em que trabalham, o fato de saber o que deve ser feito e de executar essa ação com sucesso repetidas vezes redunda ainda no reconhecimento dos pares e dos clientes. Dessa forma, esses profissionais se sentem confiantes até mesmo para – quando necessário – confrontar a burocracia e agregar alternativas inovadoras ao seu trabalho. Para R2:

> Se alguém for me entrevistar e perguntar por que eu devo ser contratado, eu respondo que é porque eu sou o melhor. O programa me incentivou e me reconheceu. Eu vou ser aprovado e vou levar para trabalhar comigo as pessoas que têm a mesma filosofia.

Já para R5:

> Tem que ter meta. O programa nos dá metas claras. Se não tem metas, você é o louco da aldeia, atira a flecha, depois vai lá e marca o alvo onde a flecha parou e sai comemorando. Eu sempre bato as minhas metas, desde que elas estejam claras.

Percebe-se aí que o programa de reconhecimento e incentivo se alinha com a Escola de Relações Humanas, a qual, segundo Tragtenberg (1977, p. 83 e 85, destaque do autor), "[...] na sua preocupação em evitar os conflitos e promover o equilíbrio ou um estado de colaboração definido como saúde social [...] *valoriza, neste sistema, símbolos* [...] *de prestígio...*". Nessa perspectiva, o que se observa é que, ideologicamente, o programa de GQT em vendas transforma metas em símbolos de prestígio e, com isso, consegue alienar o espírito de emancipação do trabalhador que se vê suscetível ao discurso institucional.

7.2 O DOMÍNIO DA BUROCRACIA SOBRE O TRABALHADOR

Para abordar o domínio da burocracia sobre o trabalhador entre os trabalhadores do programa, foi escolhida a animação *Os incríveis*, de 2004. De acordo com a história contada no filme, houve uma época em que os super-heróis eram admirados e respeitados pela humanidade. Porém, a forma como desempenhavam as suas atividades começou a ser questionada, de modo que eles foram aposentados pelo governo, que providenciou novas identidades a fim de que os heróis se adaptassem à vida comum. Beto Pera, um dos heróis mais destacados, está agora casado com uma ex-heroína, tem filhos, uma casa e um trabalho monótono de escritório. No entanto, novos eventos surgirão para tirá-los dessa aposentadoria compulsória, da qual, na verdade, eles não gostavam.

Na cena apresentada ao grupo focal, Beto é chamado à sala do seu chefe. Visivelmente desconfortável, sentado em uma cadeira minúscula e usando as mesmas camisa e gravata utilizadas pelos demais funcionários do escritório – mas que ficam desajustadas ao seu corpo imenso –, ele é repreendido pelo seu chefe, uma pessoa pequena e irritante que sempre repete o mesmo discurso quando se trata de repreender o ex-herói. Beto aceita tudo de forma submissa, até que o chefe o impede de intervir em um assalto que ocorre em frente ao escritório. Furioso, o ex-aposentado revela a sua força e agride o chefe, que acaba sendo hospitalizado – o que faz com que Beto perca o emprego.

A respeito da burocracia observada no trecho exibido, verificou-se que ela foi identificada pelos entrevistados como uma ferramenta opressora. Ao se referir à cena veiculada, R1 considerou: *"É a questão do chefe estar por cima e achar que pode tudo, pode humilhar o funcionário. A autoridade ser uma coisa opressora mesmo. Isso é muito errado"*.

R2 complementou: *"Esse modelo de burocracia gera muito estresse. O ser humano aguenta porque ele acha que precisa, porque tem que pagar as contas"*.

Ainda sobre isso, a fala de R3 advertiu: "*Nos dias de hoje, é muito importante cobrar da forma certa, tem que ter didática, sem passar do limite. Assim, o funcionário vai trabalhar melhor, sem precisar colocar o dedo na cara*".

Esse domínio opressor, ao qual os subordinados são obrigados a se submeter como única maneira de assegurar o salário – através do qual é garantida a sua subsistência e a de sua família –, foi apontado por Tragtenberg (1977, p. 190) quando este escreveu que "a burocracia [...] defende-se [...] pela coação econômica, pela repressão política". Além disso, a hierarquia e as regras estabelecidas pela burocracia para a condução das atividades rotineiras acabam por desumanizar o trabalhador, que passa a ser tratado como um objeto, e não como uma pessoa com anseios, necessidades e vulnerabilidades. Acerca disso, R1 descreveu a seguinte situação:

> Eu me machuquei na loja. Travou as minhas costas, não conseguia andar. Tive que ser levado até o pronto-socorro. Quando liguei para o meu chefe, ele releu por telefone para mim o manual de segurança do trabalho e pediu para eu enviar por e-mail o atestado médico. Nem perguntou como eu estava. Ele não estava preocupado comigo, só usou a parte burocrática.

Após o relato dessa experiência, com a qual todos os entrevistados concordaram, eles começaram a compartilhar exemplos semelhantes pelos quais tinham passado. R4, ao propor uma comparação entre o filme e os exemplos verbalizados, declarou: "*Em todos os casos, o chefe não tentou ajudar o subordinado, não fez o que deveria fazer*".

Tragtenberg (1977, p. 196) identificou essa desumanização da burocracia nos primeiros teóricos da Administração, Taylor e Fayol, quando ambos "traduzem no plano administrativo a impessoalização burocrática, definida pelo enunciado das tarefas e pela sua especialização. As pessoas alienam-se nos papéis; estes se alienam no sistema burocrático". Nesse sentido, a burocracia é compreendida como "estrutura social na qual a direção das atividades coletivas fica a cargo de um aparelho impessoal hierarquicamente organizado, que deve agir segundo critérios impessoais e métodos racionais" (PRESTES MOTTA, 1985, p. 7).

Outro ponto da atuação da burocracia nos programas de qualidade – e que foi muito criticado – foi o excesso de relatórios, que atrapalham a rotina de trabalho dos participantes. Segundo R2: "*A parte mais burocrática era o envio de todas as informações. Nós superávamos a meta, mas não era fácil passar as informações. Isso gerava um desconforto*".

Já R3 explicou como, mesmo sendo utilizada para o envio das informações, nem sempre a tecnologia atendia da melhor forma à necessidade dessa rotina, havendo ainda muito trabalho a ser feito. Segundo esse participante: "*Em tudo que é 'muito lei', o pessoal acaba procurando uma brecha para burlar. O melhor é deixar o negócio mais leve para todo mundo, reduzir a burocracia*".

Todavia, ao analisar a burocracia consoante Weber, Tragtenberg – que escreveu sua obra numa época anterior a todos os avanços tecnológicos atuais – descreveu a dificuldade desses processos burocráticos e a sua utilização como forma de dominação. Para ele,

> a direção administrativa [...] mantém o *status quo* gerado pelo sistema industrial. Sua maior preocupação concentra-se no fluxo mecânico dos objetos e da manipulação humana conforme critérios utilitários. Ela cristaliza tais mecanismos, confinando o homem a papéis definidos como se fora coisa (TRAGTENBERG, 1977, p. 194).

Pôde-se observar que, apesar das dificuldades enfrentadas ante a burocracia, bem como diante da dificuldade de se manter com ela uma comunicação adequada, os entrevistados não se manifestaram revoltados com a situação. Em parte, isso acontece por conta do treinamento oferecido e de sua atuação no programa de GQT em vendas e na área de merchandising. Isso porque, para eles, atingir as metas e cumprir os processos-chave é algo que lhes dá orgulho e que os motiva, apesar de o entorno nem sempre ser favorável. Nesse ponto, o programa de GQT em vendas se aproxima mais uma vez da Escola de Relações Humanas de Mayo, pois, segundo Tragtenberg (1977, p. 85), "a escola de relações humanas é behaviorista, procura por intermédio de estímulos adaptar o indivíduo ao meio sem transformar o meio".

Para R7:

> Você tem poder, você pode entregar o resultado e assim fazer o bem para sua equipe, para você e para os consumidores do seu produto. Esse mundo em que nós vivemos entrou na veia. Eu quero executar o que sou pago para fazer, quero bater as metas.

Todos assentiram em concordância com esse ponto e R2 complementou, utilizando uma metáfora militar: *"Missão dada é missão cumprida"*.

Quanto à cobrança das metas, eles entendiam que, desde que com respeito, a burocracia podia e deveria cobrar, e que isso era algo favorável para a superação dos resultados, deixando-os orgulhosos. Como disse R1: *"O chefe tem o direito de cobrar o resultado e a eficiência, mas nunca tratar de forma desumana"*.

Para R2: *"O superior fala pelas suas ações. Em vez de reclamar, de apontar, tem que focar no resultado, tem que resolver"*.

Segundo o parecer dos entrevistados, as redes de relacionamentos construídas dentro da empresa e com os clientes, e que também auxiliavam a atingir as metas do programa de GQT em vendas, eram outro aspecto que tornava o dia a dia dos trabalhadores mais estimulante e que minimizava o desconforto com a burocracia. Conforme já assinalado, uma vez que atingissem as metas, eles se sentiam realizados e seguros no emprego por terem o reconhecimento materializado por meio das premiações do programa.

As redes a que se referiam foram muito valorizadas pelos entrevistados – e mais ainda do que a própria organização em que trabalhavam. Para R1: *"Às vezes você está ajudando o cara por uma empresa, e amanhã você está em outra. Você ajuda o cara não pela sua empresa: ajuda por você"*.

Segundo R5, *"O gerente da loja às vezes pede que você abasteça produtos que não são da sua empresa. Ao fazer isso, você ganha pontos com o gerente, e ele sempre vai ajudá-lo quando precisar, seja nessa empresa ou em outra"*.

E R4 anuiu com esse entendimento também: *"Você tem a sua rede. Ao ajudar as pessoas, elas vão te indicar oportunidades, vão ser solidárias com você".*

Por intermédio desses depoimentos, observou-se, portanto, que a segurança oferecida pela rede de relacionamentos era superior àquela oferecida pela organização: ela transcendia a organização e permitia que o trabalhador permanecesse empregado, mesmo que fosse demitido. Para tanto, porém, era necessário que existissem boas relações, o reconhecimento e a reputação pelo atingimento das metas.

7.3 O FOCO NA EFICIÊNCIA E NOS RESULTADOS

Para encerrar a tríade de filmes apresentados aos sete entrevistados da primeira empresa cujo programa de GQT em vendas está sendo analisado, passamos à exibição dos trechos de *Amor sem escalas*, lançado em 2009, dos quais se destacaram o foco, a eficiência e o resultado, criticados na obra de Tragtenberg (1977).

Nesse filme, George Clooney é Ryan Bingham, um especialista em demitir pessoas. A empresa em que ele trabalha é contratada por outras organizações para realizar as demissões necessárias. Bingham passa a maior parte do tempo viajando pelos Estados Unidos demitindo pessoas. Tudo isso muda, porém, quando seu chefe contrata uma jovem para redesenhar a metodologia de trabalho.

Na cena escolhida para o grupo focal, Bingham visita inúmeras empresas e, em todas elas, o protagonista efetua as demissões para as quais foi contratado. As reações das pessoas variam, mas todas demonstram muito sofrimento e outros sentimentos negativos com a perda do emprego. Contudo, o foco no resultado é total por parte do personagem, e ele contorna as objeções com um discurso ensaiado e persuasivo. Tudo é feito com muita eficiência, inclusive as atividades que ocorrem desde o seu deslocamento entre uma demissão e outra até os trâmites pelos quais ele passa em aeroportos, concessionárias de veículos e hotéis.

Quando perguntado ao grupo o que cada um achou da cena selecionada, a primeira fala geral destacou a busca pela resposta sobre os motivos da demissão. Para R4: "*As pessoas procuram o motivo, pois trabalhavam bem e não sabiam o porquê de terem sido demitidas, e com isso elas estavam se culpando*".

Nessa mesma direção, R1 complementou: "*Descobrir onde estava o erro...*", e ambos concordaram que a demissão não tinha "culpados" e que, dependendo da interpretação dada, poderia se transformar em uma oportunidade de crescimento.

A esse respeito, R2 estabeleceu uma analogia entre as empresas e uma fortaleza:

> Para a pessoa que está empregada, é difícil ser demitida por uma pessoa que ela nem conhece. Eu vi que gerou uma dúvida, "nem conheço esse cara que está me demitindo, o cara entra aqui como um oficial, sem motivo, e demite", pois ele nem mais vai ver esse cara.

No caso, considerando a abordagem adotada por Tragtenberg (1977), os funcionários ainda têm alto vínculo com a instituição. Dessa forma, ser demitido é uma ocorrência que acaba sendo associada a uma derrota pessoal. Isso porque, num processo ideológico, entende-se que a busca por resultados justifica a demissão daqueles que não respondem às metas definidas ou ao estilo de trabalho adotado.

O protagonista do filme segue um processo de trabalho bem planejado, praticando um discurso previamente elaborado, no qual as reações dos demitidos são respondidas conforme o perfil de cada um, de forma vaga e sem muito comprometimento, pois o profissional retratado no filme é só um consultor que executa a demissão, dentro de um processo mais complexo.

Tomando esse contexto, R3 deixa claro como o fato de seguir o passo a passo tem uma relação direta com a boa execução do resultado pretendido:

"O cara é contratado para isso, ele tem na sua cabeça todo um planejamento, para saber como conduzir, se o cara conduzir assim, tem que ir por aqui, é um profissional bastante confortável com o trabalho".

Mais uma vez, os entrevistados reiteraram que a demissão se justificava se o demitido não respondesse ao esperado. R7 afirmou: *"Tem muita gente que fica acomodada, fica sete anos na empresa e não sai daquela rotina. Eu posso estar naquela mesma situação, mas tenho que inovar"*.

R1 complementou, afirmando: *"O excesso de confiança faz com que a pessoa renda menos. 'Eu estou aqui há dez anos; para que vou ficar me matando?'. A famosa zona de conforto"*.

Outro ponto interessante abordado pelos entrevistados foi a valorização da existência de um sistema de excelência que impedia que os funcionários se acomodassem quanto ao alcance de metas e dos resultados para a organização.

Para R1: *"A pessoa tem sua missão mês a mês. Se ela não cumprir a missão dela, ela vai mostrar para a empresa que está regredindo, e isso pode ocasionar uma possível demissão"*.

Questionado sobre aqueles que não se encaixam no programa, a resposta do grupo, dada em caráter unânime, foi a de que essas pessoas deveriam ser substituídas.

R4 considerou: *"Às vezes a pessoa não se encaixa porque não quer: ela quer viver em um outro parâmetro. E tem as que não sabem, mas querem aprender"*.

R7 complementou, mencionando a existência de testes mensais, nos quais se observava se o funcionário estava ou não interessado no trabalho. Para R2: *"As pessoas que não se encaixam são aquelas que não trabalham com metas, que não estudam, não têm comprometimento com a ferramenta do programa de excelência [...]; os que não estão preparados ficam para trás"*.

Essas falas dos entrevistados demonstraram a responsabilização do funcionário quanto à necessidade de inovar e promover resultados melhores para o trabalho executado. Essa situação pode contribuir para uma sobrecarga no trabalho, que muitas vezes se incorpora ao cotidiano do trabalhador, sem que ele saiba ao certo se essas atividades cabem como atribuição do trabalho a ser executado. Para Tragtenberg (1977, p. 216),

> [...] o processo produtivo capitalista caracteriza-se pela produção e reprodução ampliada do capital; neste contexto a informática cumpre o papel de reforçar o sistema capitalista, revelando as relações de poder, racionalizando e diminuindo o custo da reprodução ampliada do capital.

Com isso, o uso de sistemas nos programas de excelência pode ser compreendido como uma ferramenta de produtividade, ou seja, uma forma de se garantir a eficiência organizacional minimizando-se os interesses individuais dos trabalhadores.

Questionando-se os entrevistados sobre qual era o seu entendimento em relação à eficiência no trabalho, R2 reiterou que eficiência era realizar o trabalho de forma proveitosa, era "*a inquietação da pessoa [...], a eficiência é algo que é meu, é chegar e fazer diferente, é não fazer o convencional, é fazer o programa do começo ao fim*". Ele acrescentou, dizendo que "*é o comprometimento, é uma comunicação eficiente [...] a disciplina. Na verdade, é o que rege a gente*".

Contemplando-se a crítica de Tragtenberg (1977, p. 197) em relação aos estudos de Mayo e à Escola de Relações Humanas, o depoimento de R2 reforçou o uso da "*comunicação como fórmula salvadora da administração*", que Tragtenberg questiona como

> [...] uma ideologia manipulatória da empresa capitalista num determinado momento histórico de seu desenvolvimento. Acentua a preferência do operário fora do trabalho pelos seus companheiros, quando na realidade ele quer, após o trabalho, ir a casa; essa é sua maior satisfação. Valoriza baratos símbolos de prestígio, quando o operário procura maior salário (TRAGTENBERG, 1977, p. 198).

Essa abordagem, portanto, demonstra que os programas de qualidade total têm aderência e que a valorização proposta pela Escola de Relações

Humanas transforma as práticas em processos ideológicos alinhados aos interesses dominantes das empresas. Assim, muitas ferramentas são constituídas como instrumentos de distração dos trabalhadores e, com isso, uma forma de reprodução de um discurso dominante em que o trabalhador deve ser eficiente e buscar os resultados conforme as metas que as organizações estabelecem para seu crescimento econômico.

Finalizadas essas observações a respeito do último dos métodos aplicados, passa-se à conclusão e às considerações finais desta obra, na qual os resultados de todas as análises são oportunamente retomados para a devida articulação com o conjunto de toda a pesquisa.

QUESTÕES

1. Apesar do declarado incômodo causado pela realização de atividades predefinidas e padronizadas, a discussão efetuada junto aos entrevistados levantou um aspecto positivo acerca desse tema. Explique.

2. Conforme exposto neste capítulo, também a partir da discussão junto aos participantes, foi possível chegar à percepção de que, tanto a partir da ressignificação das próprias metas a serem cumpridas quanto por meio de uma mudança de foco (que passou da "pressão" sentida com elas à motivação em atingi-las), o programa de GQT em vendas buscou emancipar esses entrevistados do controle característico da burocracia.
Qual foi, então, a característica do programa que colaborou para essa nova percepção por parte dos trabalhadores?

3. Apesar do "papel opressor e alienante" atribuído à burocracia – e pelo qual, de acordo com Tragtenberg (1977), Weber não poderia ser "culpado", dado que a este competiu somente descrevê-la a partir de uma perspectiva sociológica –, os entrevistados não manifestaram "revolta" em relação a essa situação no seu próprio trabalho.
De acordo com o que discorreu no decorrer do capítulo, por que razão isso aconteceu?

4. No método do grupo focal, a propósito das três categorias destacadas da obra de Tragtenberg (1977) para a análise junto aos trabalhadores da empresa na qual o programa de GQT em vendas foi implementado (no caso, a E1), também foi possível identificar um aspecto no modelo de trabalho dos entrevistados que tornava o seu dia a dia mais estimulante, de forma a minimizar o desconforto causado pela burocracia.
Que aspecto é esse?

5. Em diversos pontos foi possível observar a aderência do programa de GQT em vendas a uma escola específica do pensamento administrativo, gerando uma percepção de desvinculação do programa com o pensamento puramente burocrático.
Qual é essa escola?

CAPÍTULO 8:

CONCLUSÃO E CONSIDERAÇÕES FINAIS

Visando a conferir ainda mais objetividade às conclusões que os resultados apresentados ao longo desta obra permitiram depreender, o desenvolvimento deste último capítulo busca, em primeiro lugar, enumerar, em caráter geral, as principais inferências a que foi possível chegar – as nove elencadas no Quadro 31.

QUADRO 31 – AS NOVE INFERÊNCIAS QUE SINTETIZAM OS RESULTADOS APRESENTADOS AO LONGO DA OBRA

1	A nomenclatura por meio da qual o programa de GQT em vendas é conhecido variou de uma empresa para outra.
2	Foram três as principais motivações para que as quinze empresas o implementassem: (i) a melhoria da receita; (ii) a melhoria da rentabilidade; e (iii) a necessidade de eleger e avaliar o cumprimento de processos-chave.
3	No que diz respeito aos modos de elaboração e implementação desses programas, foram doze os aspectos comuns à sua quase totalidade.
4	Todos os entrevistados, entre colaboradores e trabalhadores da área comercial, atestaram que a implementação do programa contribuiu para melhorar o resultado, a receita e a execução dos processos-chave.
5	A maioria dos participantes (em percentuais, 86,7%) atestou também que o programa de GQT em vendas contribuiu muito ou excepcionalmente para que a empresa obtivesse melhor desempenho.
6	Foram seis os fatores que justificaram essa última avaliação, desde o apoio da direção até a motivação e a remuneração desses profissionais.

(continua)

(continuação)

7	Já na percepção dos trabalhadores cuja atuação foi impactada pelo programa, a predefinição e a padronização associadas à implementação lhes conferem mais segurança e confiança na execução de suas atividades.
8	Além de segurança e confiança, os trabalhadores também destacam como aspectos positivos decorrentes do programa: motivação, trabalho realizado em equipe, reconhecimento por parte da empresa, dos pares e clientes.
9	Ainda na percepção desses trabalhadores, o atingimento das metas e o cumprimento dos processos-chave promovidos por ele se sobrepõem às adversidades de um entorno nem sempre favorável.

Fonte: Desenvolvido pelos autores (2019).

A partir do quadro, cada uma dessas inferências vai sendo recuperada para sua devida articulação no contexto que perpassa toda a pesquisa, cujo percurso é também retomado a fim de que se possam tecer as considerações finais deste livro.

Conforme registrado na introdução, desde a década de 1980, persistindo até os dias atuais, existe um consenso disseminado entre as empresas de que a GQT oferece uma contribuição para que sejam obtidos melhores resultados, assim como o de que a empresa que a implementa obtém uma vantagem competitiva em relação aos concorrentes.

Assim, num contexto em que a indústria brasileira de bens de consumo não duráveis continua passando por grandes desafios, poderia se partir do pressuposto de que, ao aderirem à implementação de um programa de GQT em vendas, as empresas desse segmento já estariam obtendo uma vantagem competitiva em relação aos concorrentes. Contudo, não era essa a questão central que justificava o interesse destes autores no desenvolvimento de um trabalho voltado a esse tema, no sentido de comprová-la, mas, sim, a necessidade de compreender – com mais profundidade – as motivações e os métodos associados a essa implementação, bem como os resultados dela advindos.

Mais precisamente, conforme foi diversas vezes pontuado na elaboração deste material, não se tratava de compreender a implementação de um programa de GQT em qualquer área da empresa, tampouco na área de produção, na qual sua aplicação tende a se dar mais comumente: o que todo o estudo nesta obra se propôs a contemplar foi a implementação desse programa na área de vendas. Isso porque, conforme também já assinalado, na literatura disponível encontra-se um extenso embasamento teórico para a utilização da GQT nas organizações, desde a sua concepção na década de 1930 até a sua aplicação nos dias atuais; contudo, quanto aos programas de GQT independentes e desenvolvidos exclusivamente para vendas – e, ainda mais notadamente, para as vendas de empresas da indústria de bens de consumo não duráveis –, estando ou não subordinados a um programa mais abrangente, não foram encontradas publicações a respeito, sendo essa a lacuna que os autores buscaram preencher.

Afinal, quais as motivações pelas quais as empresas desse segmento adeririam à implementação desse tipo de programa? Quais os métodos por meio dos quais essa implementação se processaria? E quais resultados seriam obtidos por meio dela no que se refere às metas, aos processos-chave e à percepção tanto dos seus colaboradores quanto dos seus trabalhadores? E, de modo mais específico, quanto à percepção dos trabalhadores cuja atuação é aí diretamente impactada: como ela se caracterizaria?

Na prática, tal como se verificou na teoria explanada no decorrer do primeiro capítulo, dedicado ao melhor entendimento do marketing na indústria de bens de consumo não duráveis, todas as empresas selecionadas para a realização deste estudo contavam com um departamento de trade marketing no qual estavam concentradas as estratégias de vendas. E, no caso, esse também era o departamento responsável pela implementação e pela gestão do seu programa de GQT em vendas.

De forma mais específica, os responsáveis pela atividade de implementação foram, muitas vezes, colaboradores dedicados, oriundos dos próprios quadros da empresa e que, durante esse processo, contaram com a participação de consultores contratados, cuja experiência pregressa no desenvolvimento e na implementação desse tipo de programa também serviu para apoiar o próprio departamento de trade marketing quando necessário. Já naquelas com menor complexidade e receita, observou-se que toda essa responsabilidade foi delegada a um consultor, uma vez que essas empresas não tinham quantidade suficiente de pessoas para apoiá-lo nessa etapa do projeto. E, em ambos os casos, quando elas contavam com uma área de GQT constituída em outras áreas – o que aconteceu principalmente em relação ao setor de produção –, um profissional de GQT de outra seção pôde oferecer suporte parcial para a elaboração do programa.

Dada a importância do trade marketing nesse processo é que, nessa primeira divisão do livro, foi dedicado um tópico à distinção do que configura essa área, hoje já consolidada no segmento da indústria de bens de consumo não duráveis, e outro aos canais de distribuição, de maneira a situar de que forma esse tipo de indústria viabiliza sua atividade comercial.

Ocorre, todavia, que essa atividade comercial não poderia ser abrangida distante do contexto em que se desenrola, no qual se encontram diversas dificuldades:

I. interação com consumidores cada vez mais exigentes;
II. alta competitividade;
III. crise econômica e política que essas empresas vinham – e ainda vêm – atravessando, resultando daí o terceiro tópico que encerra o primeiro capítulo.

Até porque, reunidos, esses são os aspectos para os quais o desenvolvimento e a implementação de programas de GQT dedicados às equipes de vendas se apresentariam como uma resolução na busca por maior eficiência e sucesso em meio a esse cenário mais complexo.

No mais, a fim de que a GQT pudesse ser apresentada de modo mais abrangente, no segundo capítulo foram contempladas sua conceituação e sua prática, desde as suas origens até os dias atuais, para que a partir daí pudessem ser explicadas as particularidades de sua aplicação na área de vendas – aplicação essa, portanto, cuja relevância demandava um entendimento mais profundo. Também aí foram acrescidas as três características da crítica de Tragtenberg (1977), que permitiriam a abordagem metodológica adotada junto aos trabalhadores.

CAPÍTULO 8: Conclusão e considerações finais

Como já se sabe, a fim de que os objetivos delineados pudessem ser efetivamente alcançados, estes autores optaram pela pesquisa qualitativa envolvendo um conjunto de empresas da indústria de bens de consumo não duráveis cujos critérios de seleção foram sintetizados na introdução e na qual três abordagens foram adotadas, cada uma delas associada às suas respectivas finalidades (Quadro 4 da seção introdutória):

I. o estudo fenomenológico, no terceiro capítulo;
II. o estudo de caso, nos Capítulos 4 a 6;
III. o grupo focal, no sétimo capítulo.

Uma vez orientados por esse percurso metodológico, os resultados e a discussão dos resultados em cada um desses cinco capítulos permitiram a elaboração de algumas conclusões, a começar pelo estudo fenomenológico com as quinze empresas no terceiro capítulo, para o qual foram providenciadas 45 entrevistas e 45 observações de campo com os respectivos executivos, entre os quais se encontravam presidentes, diretores comerciais, gerentes de vendas e consultores (os "colaboradores", como foram nesta obra designados) que apoiaram a elaboração e/ou a implementação do programa.

No que se refere à nomenclatura dada ao programa de GQT em vendas dessas empresas, verificou-se que, embora todos eles se enquadrassem como tal, eram reportados de diferentes maneiras em cada uma, sendo tratados, entre outras definições, como "programa de excelência em vendas", "manual de vendas" e "programa de gestão de vendas".

No que diz respeito às motivações para a implementação do programa em cada uma delas – primeiro dos três objetivos específicos ao qual a abordagem fenomenológica estava associada –, foram observadas três principais:

I. melhoria da receita;
II. melhoria da rentabilidade;
III. necessidade de eleger e avaliar o cumprimento de processos-chave.

Por sua vez, para a elaboração e a implementação do programa – segundo objetivo específico –, foram contemplados doze aspectos comuns à quase totalidade deles, reproduzidos no Quadro 32.

QUADRO 32 – OS DOZE ASPECTOS COMUNS A QUASE TODOS OS PROGRAMAS DE GQT EM VENDAS DAS EMPRESAS ANALISADAS

1	O programa de GQT em vendas é uma iniciativa da liderança da empresa.
2	Os temas desses programas visam a esclarecer a mensagem e a motivar a equipe.
3	Nos programas de GQT em vendas, há um foco na melhoria da competitividade do negócio.
4	São elaborados indicadores de desempenho para os processos-chave e para as vendas realizadas.
5	O programa de GQT em vendas abrange todos os membros da equipe comercial.
6	Clientes-chave também participam do programa de GQT em vendas.
7	O programa deve ter os seus objetivos alinhados com o calendário da empresa que o implementa.
8	A remuneração da equipe deve ser associada ao programa.
9	A tecnologia cumpre um papel relevante no programa de GQT em vendas.
10	O treinamento contínuo é necessário para o sucesso do programa.
11	O programa deve ser controlado e auditado permanentemente.
12	O programa necessita de constantes revisões.

Fonte: Desenvolvido pelos autores (2019).

Acerca desses aspectos, conquanto eles tenham sido depreendidos da prática dessas empresas a partir da análise da pesquisa empreendida em cada uma – e sem que os autores percam de vista que se trata de uma amostra situada num universo de empresas muito mais amplo e complexo –, estima-se, nesta etapa final do trabalho, que eles possam ser aqui retomados também na condição de "prescritos". E, portanto, como "prescritos" que podem contribuir com o conhecimento entre os acadêmicos de Administração e Negócios que estudam ou a GQT ou as estruturas de vendas, assim como com os executivos que lideram áreas comerciais e que estejam interessados em aumentar a competitividade de suas empresas com a utilização de programas de GQT.

Para os executivos da indústria de bens de consumo não duráveis, esses doze pontos podem ser, por exemplo, um útil ponto de partida para a implementação do programa de GQT nas áreas comerciais das próprias empresas que dirigem.

Por fim, no que tange aos resultados obtidos com a implementação do programa de GQT em vendas a partir da perspectiva desses colaboradores – primeiro desdobramento do terceiro objetivo específico –, constatou-se que, para 100% deles, a implementação do programa de GQT em vendas contribuiu para melhorar o resultado, a receita e a execução dos processos-chave, sendo que, para 86,7% deles, o programa de GQT em vendas contribuiu muito ou excepcionalmente para que a empresa obtivesse melhor desempenho. Entre os fatores que justificaram essa avaliação, constam:

I. o apoio da direção;
II. o atingimento e o cumprimento das metas e dos processos-chave;
III. a disciplina na execução;
IV. a padronização na realização dos processos-chave;
V. a descentralização da realização dos processos-chave;
VI. a motivação e a remuneração.

Mediante as entrevistas empreendidas, obteve-se, assim, a composição de um conjunto de apreciações sucinto, mas bastante revelador no que diz respeito à percepção desses colaboradores, podendo servir como diretriz por meio da qual os executivos interessados na implementação de um programa de GQT em vendas também podem, por exemplo, vir a se orientar.

Como possibilidades de estudos futuros a esse respeito, estima-se que, ainda por meio do estudo fenomenológico, um número maior de colaboradores possa ser entrevistado e acompanhado, bem como que estes sejam colaboradores atuantes em empresas de outros segmentos, que não o da indústria de bens de consumo não duráveis. Além disso, utilizando-se a mesma abordagem, outras pesquisas podem abranger não apenas os colaboradores da área comercial (presidentes, diretores comerciais, gerentes de vendas e consultores), mas também os próprios trabalhadores já especificados nesta obra (os promotores de vendas e merchandising e os vendedores), da mesma forma como outros profissionais que executem outras funções (como coordenadores e supervisores, entre outros). No caso de os atores sociais exercerem as mesmas funções aqui determinadas, os resultados podem ser comparados.

Avançando do estudo fenomenológico aos três estudos de caso esmiuçados ao longo dos Capítulos 4, 5 e 6, os resultados de cada um podem ser recuperados lado a lado, viabilizando, dessa forma, um breve comparativo entre eles no que diz respeito a suas motivações para a implementação do programa de GQT em vendas, aos métodos de implementação e aos impactos obtidos pelo programa, tanto no que se refere ao atingimento das metas e ao cumprimento dos processos-chave quanto segundo a avaliação dos colaboradores e trabalhadores.

De acordo com os dados já contemplados em cada um – o primeiro, envolvendo o estudo de uma empresa multinacional de pequeno porte (E1), com 38 funcionários na sua área comercial; o segundo, o de uma empresa nacional de médio porte (E2), com 34 funcionários; e, o terceiro, uma empresa multinacional de grande porte (E3), com 120, consoante as definições de "pequeno", "médio" e "grande" porte dadas inicialmente –, observou-se que, com relação à motivação para a adesão ao programa de GQT em vendas, as empresas apresentaram particularidades, para as quais contribui o cenário em que se desenvolveu a atuação de cada uma, como apresentado no Quadro 33.

QUADRO 33 – MOTIVAÇÃO(ÕES) PARA A ADESÃO AO PROGRAMA DE GQT EM VENDAS NAS TRÊS EMPRESAS ESTUDADAS (E1, E2 E E3)

E1	No caso da E1, o número de clientes não aumentava, e as vendas naqueles já abertos também não registravam crescimento, não obstante o modelo adotado em 2012 contemplar uma configuração de trabalho na qual seus representantes recebiam um percentual sobre os valores vendidos – o que, se por um lado implicava a ausência de vínculo trabalhista, por outro também configurava um estímulo à atividade de vendas, uma vez que, quanto maior a quantidade de vendas, mais expressivo o valor da remuneração de cada um. Já em 2013, com a substituição da equipe de representantes por uma equipe própria de vendedores e de promotores de vendas e merchandising que foi treinada – iniciativa essa que se deu a partir da contratação de um novo diretor comercial –, houve novo crescimento nas vendas até o ano de 2015; contudo, sabia-se que o modelo adotado ainda poderia ser aperfeiçoado, advindo daí o interesse pelo programa de GQT em vendas, efetivado em 2016.
E2	No caso da E2, resultado da fusão de duas outras empresas, o cenário era o de uma empresa de alta complexidade, na qual ainda se praticavam, no mesmo ambiente, diferentes modelos de trabalho – tanto de atendimento quanto de distribuição. E, como ela detinha duas linhas de produtos dedicadas a canais igualmente distintos, a sinergia de seus esforços era ainda mais prejudicada, ao que ainda se somava a composição de uma equipe majoritariamente formada por representantes comerciais, incluídos no nível de gerência de vendas. Assim, conquanto tenham sido estabelecidas duas metas, a principal motivação pela qual se deu o interesse no programa de GQT em vendas consistiu no aumento da rentabilidade. A outra, secundária, voltava-se ao crescimento da receita.
E3	No caso da E3, uma empresa multinacional cujo crescimento da receita vinha sendo obtido mais significativamente nos últimos quinze anos, ocorrera a aquisição de diversas marcas de outras empresas, as quais foram incorporadas aos produtos originalmente comercializados por ela. Todavia, esse crescimento nunca se traduzira em rentabilidade, de modo que a E3 jamais havia obtido lucro no período no qual as aquisições aconteceram, surgindo aí a principal motivação para a implementação do programa de GQT em vendas, efetivado em 2017. Isso porque, em 2016, mesmo com a chegada de um novo presidente, da realização de um extenso diagnóstico feito com a colaboração da equipe e do empreendimento de diversas mudanças nos processos de fabricação, logística e marketing, no segundo semestre desse mesmo ano chegou-se à conclusão de que as mudanças em questão ainda não tinham sido o bastante para a conquista da rentabilidade almejada.

Fonte: Desenvolvido pelos autores (2019).

Assim, entre os aspectos comuns que podem ser pontuados a partir das motivações, verifica-se que a implementação do programa de GQT em vendas se deu posteriormente à chegada de um profissional de alto cargo (em E1, um diretor comercial; em E2, um presidente e um diretor comercial; e, em E3, um presidente), evento a partir do qual foram viabilizadas as mudanças até então consideradas necessárias a fim de que os resultados esperados pudessem ser obtidos. Entretanto, a despeito de todos os esforços anteriores a essa implementação, fato é que eles não eram alcançados.

Já como um aspecto peculiar a cada uma das três no que ainda se refere à motivação propriamente dita, teve-se na E1 a demanda pelo aumento da receita sem que se perdesse a rentabilidade; na E2, a demanda pelo aumento de rentabilidade, de modo que o aumento da receita figurava em segundo lugar; e, na E3, a demanda pelo aumento da rentabilidade sem que se perdesse a receita.

Passando-se às considerações acerca da implementação do programa de GQT em vendas, observa-se que, em comum, todas as empresas recorreram à contratação de um consultor externo que já detinha experiência no desenvolvimento e na implementação de programas de GQT em vendas.

Ainda nesse percurso do desenvolvimento dos processos-chave para a implementação do programa de GQT em vendas, identifica-se outro aspecto que distingue, em particular, a primeira e a última empresas: a E1 não dispunha de qualquer outro programa de gestão da qualidade total em suas áreas; a E3 contava com programas de GQT em outras áreas, embora ainda não detivesse experiência em relação ao programa de GQT em vendas – razão pela qual contratou o consultor.

No que tange aos processos-chave estabelecidos, E1 e E3 contabilizaram sete, somente à E2 correspondendo um total de oito, sendo que, apesar de cada conjunto apresentar igualmente as próprias especificidades, foi possível estabelecer cinco correspondências entre todos eles:

I. "Planejamento do mês" na E1, "Planejamento" na E2 e "Planejamento mensal" na E3;
II. "Visitas a clientes e pontos de venda", com a mesma nomenclatura na E1 e na E3, e "Visitas" na E2;

III. "Expansão da distribuição" na E1 e "Positivação" na E2 e na E3;
IV. "Redução da ruptura" na E1 e "Presença em loja" na E2 e na E3;
V. "Controle dos investimentos" (E1) e "Orçamento" na E2 e E3.

Comuns somente à E2 e à E3 (as empresas aqui categorizadas como de médio e de grande portes) foram os processos-chave intitulados "Treinamento" e "Reunião", de maneira que os processos-chave de "Cumprimento da política comercial" e de "Execução de pontos extras" da E1 (empresa de pequeno porte) foram, então, peculiares somente ao seu modo de implementação do programa de GQT em vendas, ao passo que o processo-chave intitulado "Faseamento" foi peculiar somente à implementação do programa na E2.

Especificamente quanto a essa implementação do programa de GQT em vendas em cada uma das empresas, em todas elas também foi contemplada a apresentação de um tema escolhido para a motivação das equipes, sendo que, também em comum às três, esse tema abrangeu as artes marciais, havendo – igualmente entre todas – uma identificação da atuação do profissional por meio da cor da faixa por ele conquistada, segundo as pontuações obtidas a cada mês.

A propósito dessas pontuações, o estudo de caso de cada empresa permitiu verificar que o programa pontuava o cumprimento de metas e de processos-chave, sendo que essas pontuações definiam as faixas de remuneração variável que cada participante do programa poderia alcançar. Entretanto, os aspectos levados em consideração em relação ao cumprimento das metas também variaram: na E1, eles correspondiam apenas ao atingimento das metas de receita total; já na E2 e na E3, correspondiam ao atingimento da receita total do mês, ao atingimento da receita da primeira categoria-foco, ao atingimento da receita da segunda categoria-foco e, ainda no caso específico da E3, ao atingimento ou à superação da expectativa da margem de contribuição.

De acordo com o que se pode observar, não só a quantidade de aspectos é diferente entre as empresas (na E1 e na E2, dois; na E3, quatro), como também o é a natureza de cada um deles, uma vez que, visando à rentabilidade, a E3 alcançou ou superou a expectativa da margem de contribuição.

Do mesmo modo, no que se refere ao cálculo dessa remuneração consoante o atendimento desses quesitos, as bases de cada empresa também se mostraram distintas.

Acerca dos resultados obtidos após a implementação do programa de GQT em vendas em cada uma, tomando-se agora o atingimento de metas e o cumprimento dos processos-chave ao final do primeiro ano de implementação do programa, os primeiros resultados relativos à E1 voltaram-se à melhoria da receita; os primeiros relativos à E2, à rentabilidade; os primeiros relativos à E3, não somente à rentabilidade, como também à receita. Nesse sentido, constata-se que a implementação do programa de GQT em vendas nas três empresas viabilizou o alcance dos resultados pretendidos por cada uma.

Por fim, passando ao encerramento das conclusões referentes aos três estudos de caso, agora a partir da perspectiva de todos os entrevistados em cada uma das empresas (colaboradores e trabalhadores), foi avaliado, em primeiro lugar, como o programa impactou as vendas e o cumprimento dos processos-chave, cujas conclusões são demonstradas no Quadro 34.

QUADRO 34 – OBSERVAÇÕES EM RELAÇÃO AO IMPACTO DO PROGRAMA SOBRE AS VENDAS E O CUMPRIMENTO DOS PROCESSOS-CHAVE EM CADA UMA DAS EMPRESAS ANALISADAS

E1	100% dos participantes (isto é, os 38 profissionais da equipe comercial) consideraram que o impacto da implementação do programa foi positivo no que corresponde ao primeiro processo-chave ("Planejamento do mês") e àqueles enumerados de 4 a 7.
E2	100% dos participantes (isto é, os 34 profissionais da equipe comercial) consideraram que o impacto da implementação do programa foi positivo no que corresponde ao primeiro, terceiro e quinto processos-chave ("Planejamento", "Positivação" e "Treinamento", respectivamente).
E3	100% dos participantes (isto é, os 120 profissionais da equipe comercial) consideraram que o impacto da implementação do programa foi positivo no que corresponde ao segundo processo-chave ("Visitas a clientes e pontos de venda").

Fonte: Desenvolvido pelos autores (2019).

Além disso, destaque-se ainda que, tanto na E1 quanto na E3, nenhuma das avaliações contou com menos de 90% de concordância por parte dos entrevistados quanto aos impactos positivos decorrentes da implementação do programa, sendo que, na E2, o menor percentual apresentado foi de 79%, referente à avaliação do impacto promovido pelo programa em relação ao processo-chave "Presença em loja".

Em segundo lugar, consoante a análise dos mesmos participantes da pesquisa, foi avaliado o grau de importância que eles atribuíam ao programa para a melhoria de cada um dos processos-chave, cujas conclusões constam no Quadro 35.

QUADRO 35 – OBSERVAÇÕES EM RELAÇÃO AO GRAU DE IMPORTÂNCIA DO PROGRAMA PARA A MELHORIA DE CADA PROCESSO-CHAVE EM CADA UMA DAS EMPRESAS ANALISADAS

E1	100% dos entrevistados avaliaram que ele contribuiu, contribuiu muito ou contribuiu excepcionalmente em relação ao segundo e ao sexto processo ("Visitas a clientes e pontos de venda" e "Execução de pontos extras").
E2	Embora não tenham sido verificados 100% associados a nenhum dos processos-chave, alguns índices se aproximaram bastante desse número: acerca do terceiro processo ("Positivação"), os colaboradores que avaliaram que o programa contribuiu, contribuiu muito ou contribuiu excepcionalmente somaram 97%; acerca do primeiro ("Planejamento"), 96,5%; acerca do quinto ("Treinamento"), 94%.
E3	100% dos entrevistados avaliaram que ele contribuiu, contribuiu muito ou contribuiu excepcionalmente em relação ao primeiro, ao segundo e ao quarto processo ("Planejamento do mês", "Visitas a clientes e pontos de venda" e "Presença em loja", respectivamente).

Fonte: Desenvolvido pelos autores (2019).

No geral, ainda a respeito desse tópico e em relação a todas as empresas, mais de 80% dos colaboradores e trabalhadores avaliaram que o programa de GQT em vendas contribuiu, contribuiu muito ou contribuiu excepcionalmente para a melhoria de cada processo-chave.

Em terceiro lugar, no que se refere à expectativa de que os processos-chave continuariam a progredir no ano seguinte por meio do programa de GQT em vendas, a apreciação dos participantes está sintetizada no Quadro 36.

QUADRO 36 – OBSERVAÇÕES EM RELAÇÃO À CRENÇA DE QUE O PROGRAMA CONTINUARIA CONTRIBUINDO PARA A MELHORIA DE CADA PROCESSO-CHAVE EM CADA UMA DAS EMPRESAS ANALISADAS

E1	100% dos entrevistados da E1 avaliaram que os processos continuariam melhorando com o programa, à exceção do terceiro ("Expansão da distribuição"), que contou com a expectativa de 96%.
E2	Embora não tenham sido verificados 100% associados à expectativa de melhoria em relação a nenhum dos seus processos-chave, a maior delas correspondeu a 97%, referente ao entendimento dos colaboradores de que o terceiro deles ("Positivação") continuaria evoluindo por intermédio do programa.
E3	100% dos entrevistados avaliaram que o segundo e o terceiro processo ("Visitas a clientes e pontos de venda" e "Positivação") continuariam melhorando com o programa.

Fonte: Desenvolvido pelos autores (2019).

A expectativa quanto ao progresso em relação aos demais programas, porém, não obteve a anuência do que menos do que 90% dos profissionais.

Por fim, em quarto lugar, acerca do grau de importância dado pelos participantes à capacitação segundo as formas de treinamento oferecidas, mais de 75% deles, nas três empresas, avaliaram que elas eram muito importantes.

Para complementar esses três estudos de caso, no entanto, novos estudos qualitativos – e também quantitativos – são recomendados. Trata-se da possibilidade de empreendimentos futuros que, a seu tempo, podem favorecer uma compreensão ainda mais significativa no entendimento das motivações para a implementação de programas de GQT em vendas tanto nas empresas da indústria de bens de consumo não duráveis quanto em outros segmentos da economia, de modo que ao final se possa obter uma metodologia que seja replicável. Afinal, é possível que, em outras empresas, as metas e os processos-chave não sejam os mesmos que aqueles aqui apresentados; logo, faz-se relevante compreender seu impacto nessas possíveis novas metas, como na margem de contribuição e em outros processos. Além disso, a relevância ainda se estende à compreensão desse impacto num período maior, que ultrapasse os primeiros anos de implementação do programa, nos quais esta tese se deteve.

Encerrando a análise desta obra, o grupo focal, no sétimo capítulo, foi adotado como última abordagem da pesquisa qualitativa visando à compreensão da percepção de sete trabalhadores da E1 (os promotores de vendas e merchandising e vendedores) cuja atuação profissional havia sido diretamente impactada pela implementação do programa de GQT em vendas – segundo desdobramento do terceiro objetivo específico. Mobilizadas as três dimensões críticas extraídas do livro de Tragtenberg (1977) como categorias de análise, os depoimentos dados pelos respondentes, provocados pela exibição dos recortes de três filmes (*Um senhor estagiário, Os incríveis e Amor sem escalas*), permitiram concluir que, acerca da primeira – a realização de atividades predefinidas e padronizadas –, a segurança proporcionada pela predefinição/padronização das suas atividades por meio do programa se sobrepõe ao que poderia ser encarado somente como uma "repetição" das ações desenvolvidas no trabalho e/ou a uma falta de "inovação".

Além disso, as falas dos entrevistados contemplaram, em meio à realização dessas atividades predefinidas e padronizadas, a importância da motivação, do trabalho realizado em equipe, do reconhecimento por parte da empresa, bem como por parte dos pares e clientes. Como contrapartida ao incômodo do cumprimento de um roteiro-padrão está a confiança para, quando necessário, confrontar a burocracia e agregar alternativas inovadoras ao trabalho – o que eles entendem como sendo possível graças ao fato de saberem claramente o que é esperado de sua atuação. No mais, foi possível identificar, ainda, uma adesão ao tema definido pela empresa para a motivação e o envolvimento da equipe da área comercial – as artes marciais.

Acerca da segunda dimensão crítica – o domínio da burocracia sobre o trabalhador –, os depoimentos foram marcados pelos relatos de experiências nas quais a humanização não foi preponderante no tratamento que lhes foi dispensado pelos "chefes", havendo uma "impessoalização" por parte dos superiores numa escala hierárquica que revela um descontentamento por parte dos trabalhadores e, no que se refere à empresa, a necessidade de repensar e orientar os modos como se estabelecem essas relações.

Além disso, a burocratização foi associada ao "excesso de relatórios" e a uma rotina de atividades que a tecnologia não era capaz de abranger. De todo modo, o descontentamento expressado pelos participantes não implicou também uma manifestação de revolta para com os desafios ainda existentes. A explicação para tanto parece residir justamente no fato de que, conquanto o entorno nem sempre seja favorável, o atingimento das metas e o cumprimento dos processos-chave promovidos por intermédio da implementação do programa prepondera também nesse contexto como algo que os motiva, incluindo-se igualmente aí, como fator de motivação, as redes de relacionamentos construídas dentro da empresa e com os clientes.

Por fim, em relação à terceira e última dimensão crítica – o foco na eficiência e nos resultados –, os depoentes concordaram que, no que se refere a uma demissão, ela se justifica quando o profissional demitido não corresponde ao que se espera dele. Nesse sentido, as falas reiteraram a valorização do programa de GQT em vendas na condição de um sistema que não lhes permite permanecer numa "zona de conforto", uma vez que se encontram estipulados as metas e os resultados a serem alcançados para a organização. Os interesses da organização, aliás, acabam sendo sobrepostos aos interesses individuais dos trabalhadores nesse entendimento.

No geral, a partir das falas analisadas do grupo focal, pode-se concluir que:

I. todos os respondentes adotam o negócio e o trabalho como uma visão naturalizada da administração;
II. todos têm clareza da intenção vinculada da performance, sendo incapazes de imaginar um modelo de trabalho que não se estruturasse por meio de metas e resultados;
III. nenhum deles exteriorizou a necessidade de autonomia e, consequentemente, uma intenção emancipatória do ambiente de trabalho.

Nessa direção, o sucesso dos programas de GQT em vendas na E1 – que pode se estender às demais empresas – também se refletiria como a ausência de uma abordagem crítica pelos trabalhadores.

Dado que este estudo se limita à participação de trabalhadores associados a um tipo de programa de GQT, dedicado a aumentar a produtividade da área de vendas, como possibilidade de estudo futuro também seria interessante entender quais as reações dos trabalhadores de outras áreas quando impactados por esse tipo de programa. Além disso, os Estudos Críticos em Administração produzidos no Brasil contam com outros autores com pensamento original e que poderiam ser utilizados para realizar estudos a partir de perspectivas que enriquecessem aquela fundamentada no pensamento de Tragtenberg.

Ainda como sugestão de pesquisa futura a partir desta obra, poderiam ser explorados não apenas os pontos supramencionados, como também as possibilidades da autogestão, defendida por Tragtenberg como uma alternativa emancipatória ao modelo produtivista vigente, bem como poderia ser proposta uma investigação acerca de qual seria a viabilidade de serem realizados trabalhos que seguissem parâmetros de qualidade sem, todavia, inviabilizar a autonomia e a independência do trabalhador. Oportunamente, outra possibilidade diz respeito, ainda, à ausência da dimensão crítica no tocante às falas dos trabalhadores impactados pela implementação do programa de GQT em vendas em sua rotina de atividades na organização, o que pode vir a suscitar um novo estudo.

Visto que atualmente a maior parte da literatura da GQT está voltada para a área de produção, ao final deste livro, embora muitas pesquisas acerca do tema ainda possam – e devam – ser levadas a efeito, sobretudo em meio a um cenário de constantes mudanças que envolvem e atravessam a área comercial, espera-se que a identificação dos aspectos aqui pontuados no conjunto das análises realizadas não só apresente um reforço à teoria sobre a qual se fundamentou esta pesquisa, como ainda ofereça uma visão estruturada acerca de como melhor efetuar a implementação do programa de GQT em vendas nas empresas.

REFERÊNCIAS

ABRAS – Associação Brasileira de Supermercados. Ranking Abras 2016: o maior estudo sobre o autosserviço. **SuperHiper**, [s. l.], ano 42, n. 478, abr. 2016. Disponível em: http://www.abras.com.br/edicoes-anteriores/Main.php?MagID=7&MagNo=201. Acesso em: 3 out. 2019.

AGÊNCIA ESTADO. Produção da indústria sobe 0,1% em abril e segue abaixo da pré-covid. **Jornal do Comércio**, [s. l.], 4 jun. 2022. Economia. Economia. Disponível em: https://www.jornaldocomercio.com/_conteudo/economia/2022/06/850147-producao-da-industria-sobe-0-1-em-abril-e-segue-abaixo-da-pre-covid.html. Acesso em: 5 jun. 2022.

AHIRE, S. L.; GOLHAR, D. Y.; WALLER, M. A. Development and validation of TQM implementation constructs. **Decision Sciences**, [s. l.], v. 27, n. 1, p. 23-56, mar. 1996.

ALMEIDA, V. M. C. de *et al*. Trade marketing no setor de lojas de conveniência. **Revista de Administração de Empresas**, São Paulo, v. 5, n. 6, p. 643-656, 2012.

ALVAREZ, F. J. S. M. **Trade marketing** – a conquista do consumidor no ponto de venda. São Paulo: Atlas, 2008.

AMOR sem escalas. Direção: Jason Reitman. Produção: Rickshaw Productions. Los Angeles (Califórnia): Paramount Pictures, 2009. 1 DVD (109 min). (Título original: Up in the Air.)

AZEVEDO, V. M. de. **Gestão da qualidade de fornecedores**: análise e remodelagem do sistema em concessionária de distribuição de energia elétrica. 2014. 258 f. Dissertação (Mestrado Profissional em Metrologia e Qualidade) – Instituição Nacional de Metrologia, Normalização e Qualidade Industrial, Duque de Caxias, 2014.

BACHA, E. **A crise fiscal e monetária brasileira**. São Paulo: Civilização Brasileira, 2017.

BARBOSA FILHO, F. H. A crise econômica de 2014/2017. **Estudos Avançados**, São Paulo, v. 31, n. 89, p. 51-60, jan./abr. 2017. Disponível em: https://www.scielo.br/j/ea/a/BD4Nt6NXVr9y4v8tqZLJnDt/abstract/?lang=pt. Acesso em: 27 fev. 2023.

BENNER, M. J.; TUSHMAN, M. L. Exploitation, exploration, and process management: The productivity dilemma revisited. **The Academy of Management Review**, [s. l.], v. 28, n. 2, p. 238-256, 2003.

BERNARDINO, L. L. **A influência do modelo de GQT na administração atual de empresas baianas que trilham o caminho rumo à excelência**. 2014. 197 f. Dissertação (Mestrado em Administração) – Escola de Administração da Universidade Federal da Bahia (UFBA), Salvador, 2014.

BESTERFIELD, D. H. *et al*. **Total quality management**. Upper Saddle River (New Jersey): Pearson Education, 2003.

BINNIE, L. **The future of omni-channel retail:** predictions in the age of Amazon. [*S. l.*]: Emerald Lake Books, 2018.

BOLLE, M. B. de. **Como matar a borboleta azul**. Rio de Janeiro: Intrínseca, 2016.

BRAH, S. A.; LEE, S. L.; RAO, B. M. Relationship between TQM and performance of Singapore companies. **International Journal of Quality and Reliability Management**, Bingley, v. 19, n. 4, p. 356-379, 2002.

BRASIL. **Consolidação das Leis do Trabalho – CLT e normas correlatas.** Brasília, DF: Senado Federal, Coordenação de Edições Técnicas, 2017. 189 p. Disponível em: https://www2.senado.leg.br/bdsf/bitstream/handle/id/535468/clt_e_normas_correlatas_1ed.pdf. Acesso em: 27 fev. 2023.

BRYNJOLFSSON, E.; HU, Y. J.; RAHMAN, M. S. Competing in the age of omnichannel retailing. **MIT Sloan Management Review**, Cambridge (Massachusetts), v. 54, n. 4, p. 23-29, jun. 2013.

CALLIARI, M.; MOTTA, A. G. **Código Y** – decifrando a geração que está mudando o Brasil. São Paulo: Évora, 2012.

CAREY, M. A. The group effect in focus group research: planning, implementing and interpreting focus group research. *In*: MORSE, J. A. **Critical issues in qualitative research methods**. London: Sage, 1995. p. 225-241.

CARPINETTI, L. C. R. **Gestão da qualidade:** conceitos e técnicas. 3. ed. São Paulo: Atlas, 2017.

CARPINETTI, L. C. R.; GEROLAMO, M. C. **Gestão da qualidade ISO 9001:2015:** requisitos e integração com a ISO 14001:2015. São Paulo: Atlas, 2007.

CARTAXO, W. A. **Processo judicial eletrônico:** uma avaliação através do Common Assessment Framework. 2018. 191 f. Dissertação (Mestrado Profissional em Gestão em Organizações Aprendentes) – Universidade Federal da Paraíba, João Pessoa, 2018.

CHERNAVSKY, E. Entre as piores do mundo: um balanço da economia brasileira no governo Bolsonaro. **Carta Capital**, [*s. l.*], 5 maio 2022. Observatório da Economia Contemporânea. Disponível em: https://www.cartacapital.com.br/blogs/observatorio-da-economia-contemporanea/entre-as-piores-do-mundo-um-balanco-da-economia-brasileira-no-governo-bolsonaro/. Acesso em: 5 jun. 2022.

COBRA, M.; BREZZO, R. **O novo marketing**. Rio de Janeiro: Elsevier, 2010.

COLTRO, A. A gestão da qualidade total e suas influências na competitividade empresarial. **Caderno de Pesquisas em Administração**, São Paulo, v. 1, n. 2, p. 106-107, 1º sem. 1996.

CORDEIRO, J. V. B. de M. Reflexões sobre a gestão da qualidade total: fim de mais um modismo ou incorporação do conceito por meio de novas ferramentas de gestão? **Revista da FAE**, Curitiba, v. 7, n. 1, p. 19-33, 2004.

CORREA, C. **O que importa é o resultado**. Rio de Janeiro: Primeira Pessoa, 2017.

CORSTJENS, J.; CORSTJENS, M. **Store wars**. Chichester: John Wiley & Sons, 1995.

CRESWELL, J. W. **Investigação qualitativa e projeto de pesquisa** – escoε lhendo entre cinco abordagens. Porto Alegre: Penso, 2014.

CRESWELL, J. W.; PLANO CLARK, V. L. **Pesquisa de métodos mistos**. Tradução Magda França Lopes. 2. ed. Porto Alegre: Penso, 2013.

D'ANJOUR, M. F. **Inovatividade e inovação organizacional:** relações em micro e pequenas empresas. 2018. 212 f. Tese (Doutorado em Administração) – Centro de Ciências Sociais Aplicadas da Universidade Federal do Rio Grande do Norte, Natal, 2018.

DAY, G. S. The capabilities of market-driven organizations. **Journal of Marketing**, Chicago, v. 58, p. 37-52, out. 1994.

DEMING, W. E. **Quality, productivity and competitive position**. Cambridge (Massachusetts): Massachusetts Institute of Technology, 1982.

ESTADÃO CONTEÚDO. Consumo de bens ainda está abaixo do nível pré-pandemia. **Isto É Dinheiro**, [*s. l.*], 11 abr. 2022. Economia. Disponível em: https://www.istoedinheiro.com.br/consumo-de-bens-ainda-esta-abaixo-do-nivel-pre-pandemia/. Acesso em: 5 jun. 2022.

FALCONI, V. **Qualidade total:** padronização de empresas. Nova Lima: Falconi Editora, 2014a.

FALCONI, V. **TQC:** controle da qualidade total no estilo japonês. Nova Lima: Falconi Editora, 2014b.

FAYOL, H. **Administração industrial e geral**. São Paulo: Atlas, 1965.

FEIGENBAUM, A. V. **Total quality control**. New York: McGraw-Hill, 1983.

FELDMAN, M. S.; PENTLAND, B. T. Reconceptualizing organizational routines as a source of flexibility and change. **Administrative Science Quarterly**, Ithaca (New York), v. 48, n. 1, p. 94-118, mar. 2003.

FERNANDES, W. A. **O movimento da qualidade no Brasil**. São Paulo: Essential, 2011.

GASKIN, S. P. et al. **Voice of the customer**. [S. l.]: Wiley International Encyclopedia of Marketing, 2010.

GIRONEWS. NeoGrid Consolida Liderança com a Compra da Bis. **Exclusivo GiroNews**, [s. l.], 13 jan. 2014. Negócios. Disponível em: https://www.gironews.com/negocios/neogrid-consolida-lideranca-com-a-compra-da-bis-23338/. Acesso em: 3 out. 2019.

GODOI, A.; LAS CASAS, A.; MOTTA, A. G. A utilização do Facebook como ferramenta de marketing para construir relacionamento com o consumidor – um estudo de *fan pages* no Brasil. **Business and Management Review**, London, v. 5, n. 1, p. 97-112, jun. 2015.

GOLDENBERG, M. **A arte de pesquisar:** como fazer pesquisa qualitativa em ciências sociais. Rio de Janeiro: Record, 2009.

HACKMAN, J. R.; WAGEMAN, R. Total quality management: empirical, conceptual, and practical issues. **Administrative Science Quarterly**, [s. l.], v. 40, n. 2, p. 309-342, jun. 1995.

HADDAD, M. D. C. L.; ÉVORA, Y. D. M. Implantação do programa de qualidade em hospital universitário público. **Ciência, Cuidado e Saúde**, Maringá, v. 11, n. 5, p. 78-86, 2012.

ISHIKAWA, K. **What's total quality control?** The Japanese way. Englewood Cliffs (New Jersey): Prentice Hall, 1985.

JANUZZI, U. A.; VERCESI, C. Sistema de gestão da qualidade na construção civil: um estudo a partir experiência do PBQP-H junto as empresas construtoras da cidade de Londrina. **Revista Gestão Industrial**, Curitiba, v. 6, n. 3, p. 136-160, 2010.

JOINER, T. A. Total quality management and performance – the role of organization support and co-worker support. **International Journal of Quality and Reliability Management**, Bingley, v. 24, n. 6, p. 617-627, 2007.

JURAN, J. M. **Quality control handbook**. New York: McGraw Hill Book Company, 1980.

JURAN, J. M. **A history of managing for quality:** the evolution, trends and future directions of managing for quality. Milwaukee: ASQC, 1995.

KOTTER, J. P. Leading change: why transformation efforts fail. **Harvard Business Review**, Brighton (Massachusetts), v. 73, p. 59-67, maio/jun. 1995.

KOTTER, J. P. **Marketing 3.0:** as forças que estão definindo o novo marketing centrado no ser humano. 4. ed. Rio de Janeiro: Elsevier, 2010.

KUMAR, N. **Marketing como estratégia**. São Paulo: Campus, 2004.

LACERDA, L. P.; MOTTA, R. G. Programa de gestão da qualidade total em vendas: o caso do judô. *In*: CONGRESSO LATINO-AMERICANO DE ESTUDOS SOCIOCULTURAIS DO ESPORTE, 6., 2018, Ribeirão Preto. **Anais** [...]. Ribeirão Preto: ALESDE, 2018. p. 227-228. Disponível em: https://revistas.ufpr.br/alesde/article/download/64040/37752. Acesso em: 15 mar. 2019.

LACERDA, L. P.; MOTTA, R. G.; SANTOS, N. M. B. F. O judô como mecanismo motivacional em um programa de gestão da qualidade total em vendas. *In*: SIMPÓSIO INTERNACIONAL DE GESTÃO DE PROJETOS, INOVAÇÃO E SUSTENTABILIDADE (SINGEP), 7., 2018, São Paulo. **Anais** [...]. São Paulo: SINGEP, 2018.

LAS CASAS, A. L. **Marketing:** conceitos, exercícios e casos. São Paulo: Atlas, 1987.

LAS CASAS, A. L. **Administração de vendas**. 8. ed. São Paulo: Atlas, 2017.

MACHADO, R.; VALVERDE, A. **Maurício Tragtenberg**. São Paulo: Educ, 2016.

MASON, P. **Pós-capitalismo**: um guia para nosso futuro. São Paulo: Companhia das Letras, 2017.

MATSUMATO, L. D. M. **Abordagem da cadeia de suprimentos na perspectiva das dimensões da estrutura organizacional:** um estudo de caso na cadeia de serviços logísticos. 2014. 240 f. Dissertação (Mestrado em Administração) – Faculdade de Economia, Administração e Contabilidade da Universidade de São Paulo, São Paulo, 2014.

MAYO, E. **The human problems of an industrial civilization**. New York: MacMillan, 1933.

MORAES, L. F. R. de; MAESTRO FILHO, A. del; DIAS, D. V. O paradigma weberiano de ação social: um ensaio sobre a compreensão do sentido, a criação de tipos ideais e suas aplicações na teoria organizacional. **Revista de Administração Contemporânea**, Rio de Janeiro, v. 7, n. 2, p. 57-71, 2003.

MOREIRA, C.; GAIER, R. V. Indústria do Brasil cresce pelo 3º mês em abril, mas ainda mostra dificuldade de recuperação. **Uol**, [s. l.], 3 jun. 2022. Economia. Disponível em: https://economia.uol.com.br/noticias/reuters/2022/06/03/producao-industrial-no-brasil-cresce-01-em-abril-em-linha-com-o-esperado.htm?cmpid=copiaecola. Acesso em: 5 jun. 2022.

MORICI, R. **Marketing no Brasil** – um guia prático. São Paulo: Campus: 2013.

MOTTA, A. G. **A utilização do marketing de conteúdo e do storytelling como ferramentas para construção de marcas na pós-modernidade.**

2016. 105 f. Dissertação (Mestrado em Administração) – Departamento de Administração da Faculdade de Economia, Administração e Contabilidade da Pontifícia Universidade Católica de São Paulo, São Paulo, 2016.

MOTTA, R. G.; CORÁ, M. A. J. Uma crítica ao discurso da gestão da qualidade total, a partir do pensamento de Maurício Tragtenberg. *In*: ENCONTRO DA ASSOCIAÇÃO NACIONAL DE PÓS-GRADUAÇÃO E PESQUISA EM ADMINISTRAÇÃO (ENANPAD), 41., 2017, São Paulo. **Anais** [...]. São Paulo: ANPAD, 2017. p. 1-15.

MOTTA, R. G.; LACERDA, L. P. de; MOLA, I. C. F.; SANTOS, N. M. B. F. dos. Programa de GQT em vendas de bens de consumo não duráveis: estudo de caso com motivações, método de implementação e resultados. **Revista Pensamento & Realidade**, [s. l.], v. 35, n. 2, p. 59-72, maio/ago. 2020.

MOTTA, R. G.; LACERDA, L. P. de; SANTOS, N. M. B. F. dos. Estudo de caso com as motivações, o método de implementação e o impacto do programa de gestão da qualidade total em vendas em uma indústria de bens de consumo não duráveis. **Revista Gestão e Planejamento**, [s. l.], v. 19, p. 208-226, 2018.

MOTTA, R. G.; MOLA, I. C. F.; SANTOS, N. M. B. F. dos; LACERDA, L. P. de. Programa de GQT em vendas: motivações, método de implementação e resultados numa empresa de produtos de higiene e beleza. **Revista Pensamento & Realidade**, [s. l.], v. 36, n. 2, p. 37-57, maio/ago. 2021.

MOTTA, R. G.; SANTOS, N. M. B. F. dos; SERRALVO, F. **Trade marketing:** teoria e prática para gerenciar os canais de distribuição. São Paulo: Campus, 2008.

MOTTA, R. G.; SANTOS, N. M. B. F. dos; SERRALVO, F. **Trade marketing:** teoria e prática para gerenciar os canais de distribuição. Rio de Janeiro: Alta Books, 2017.

MOTTA, R. G.; SILVA, A. V. Aumento da competição no varejo e seu impacto na indústria. **Revistas Gerenciais**, São Paulo, v. 5, p. 101-108, 2006.

MOTTA, R. G.; TURRA, F. J.; MOTTA, A. G. Trade marketing: uma análise a partir da "Estrutura das revoluções científicas". **Sodebrás**, Guaratinguetá, v. 12, n. 133, p. 76-82, 2017.

OLIVEIRA, M. L. **Identidade padrão de comunicação digital do governo federal:** uma análise à luz da metodologia Common Assessment Framework. 2018. 144 f. Dissertação (Mestrado Profissional em Gestão em Organizações Aprendentes) – Universidade Federal da Paraíba, João Pessoa, 2018.

OS INCRÍVEIS. Direção: Brad Bird. Produção: Pixar Animation Studios. Burbank (Califórnia): Walt Disney Studios Motion Pictures, 2004. 1 DVD (115 min). (Título original: The Incredibles.)

OSTERMAN, P. How common is workplace transformation and who adopts it? **Industrial and Labor Relations Review**, [s. l.], v. 47, n. 2, p. 173-188, jan. 1994.

PARENTE, J. **Varejo no Brasil**. São Paulo: Atlas, 2000.

PARENTE, J.; BARKI, E. **Varejo no Brasil** – gestão e estratégia. São Paulo: Atlas, 2014.

PITASSI, C. Adequação estratégica das áreas de *trade marketing* das empresas de bens de consumo. **ADM MADE**, Rio de Janeiro, v. 15, n. 1, p. 1-22, 2011.

PORTER, M. **Competitive advantage:** creating and sustaining superior performance. New York: Collier Macmillan, 1985.

POWELL, T. C. Total quality management as competitive advantage: a review and empirical study. **Strategic Management Journal**, Hoboken, v. 16, p. 15-37, 1995.

PRESTES MOTTA, F. C. **O que é burocracia**. São Paulo: Editora Brasiliense, 1985.

PRESTES MOTTA, F. C. **Teoria das organizações:** evolução e crítica. 2. ed. São Paulo: Pioneira Thomson Learning, 2001.

PULIZZI, J. **Epic content marketing –** how to tell a different story, break through clutter, and win more customers by marketing less. New York: McGraw Hill, 2014.

RAMOS, B. S. **Percepção de qualidade das escolas do ponto de vista de alunos do ensino médio**. 2015. 78 f. Dissertação (Mestrado Profissional em Administração) – Escola Brasileira de Administração Pública e de Empresas da Fundação Getúlio Vargas, Rio de Janeiro, 2015.

RANDALL, G. **Trade marketing strategies**. London: BH, 1994.

RESENDE, H. M. A. de. **Determinantes da efetividade percebida de *workshops* Kaizen da produção enxuta em uma mineradora brasileira**. 2015. 54 f. Dissertação (Mestrado em Administração) – Fundação Instituto Capixaba de Pesquisa em Contabilidade, Economia e Finanças (FUCAPE), Vitória, 2015.

ROSENBLOOM, B. **Canais de marketing**. São Paulo: Atlas, 2002.

SALTO, F.; ALMEIDA, M. **Finanças públicas**. Rio de Janeiro: Record, 2016.

SCHWAB, K. **A Quarta Revolução Industrial**. Tradução Daniel Moreira Miranda. São Paulo: Edipro, 2019.

SHEWHART, W. A. **Economic control of quality of manufactured product**. New York: D. Van Nostrand Company, Inc., 1931.

SOUZA, J. O. Empregados, funcionários ou colaboradores: qual você quer ter em sua equipe? **Contábeis**, [s. l.], 4 jul. 2017. Empresarial. Disponível em: https://www.contabeis.com.br/artigos/4002/empregados-funcionarios-ou-colaboradores-qual-voce-quer-ter-em-sua-equipe/. Acesso em: 9 set. 2019.

TAYLOR, F. W. **Princípios da administração científica**. São Paulo: Atlas, 1965.

TRAGTENBERG, M. **Burocracia e ideologia**. São Paulo: Ática, 1977.

TRAGTENBERG, M. Memorial. **Pro-posições**, Campinas, v. 2, n. 1, p. 79-87, 1991.

UM SENHOR estagiário. Direção: Nancy Meyers. Produção: Warner Bros., Annapurna Pictures, Waverly Films, Scott Rudin Productions e GreeneStreet Films. Burbank (Califórnia): Warner Bros., 2015. 1 DVD (121 min). (Título original: The Intern.)

WEBER, M. **Economia y sociedad**. Ciudad de México: Ed. Fondo de Cultura Econômica, 1944.

WESTPHAL, J. D.; GULATI, R.; SHORTELL, S. M. Customization or conformity? An institutional perspective on the content and consequences of TQM adoption. **Administrative Science Quarterly**, [s. l.], v. 42, n. 2, p. 336-394, jun. 1997.

YIN, R. K. **Case study research:** design and method. 4. ed. Thousand Oaks (Califórnia): Sage, 2010.

APÊNDICE A

PROTOCOLO DA ENTREVISTA PARA O ESTUDO FENOMENOLÓGICO

Data:

Função na empresa:

Quero agradecer a sua participação neste estudo sobre a utilização do programa de gestão da qualidade total (GQT) em vendas. Com ele, busca-se compreender a implementação do programa de GQT em vendas na indústria brasileira de bens de consumo não duráveis, investigando-se o que motiva uma empresa desse segmento a implementar um programa de GQT em vendas, distinguindo-se qual o método de implementação do programa e avaliando quais os resultados obtidos após a implementação do programa no que se refere às metas, aos processos-chave e à percepção dos seus colaboradores a esse respeito, bem como à percepção dos próprios trabalhadores acerca dos impactos desse programa sobre si mesmos.

Também é importante que você saiba que esta pesquisa segue as normas do Comitê de Ética em Pesquisa da Pontifícia Universidade Católica de São Paulo (PUC-SP) […].

QUESTÕES:

(MOTIVAÇÃO)

1. Tendo em vista a sua participação no processo de concepção e elaboração do programa de GQT em vendas na sua empresa, quais benchmarks internos e externos foram utilizados para a elaboração do programa e como foi constituída a equipe responsável pelo desenvolvimento do programa?

(MÉTODO DE IMPLEMENTAÇÃO)

2. Como foi realizada a implementação do programa de GQT em vendas na sua empresa?

3. Foram encontradas dificuldades durante esse processo de implementação? Se sim, elas foram solucionadas? Como?

4. Como é realizada a gestão do programa no dia a dia? Qual a equipe envolvida, como as tarefas são distribuídas e como os resultados são comunicados e utilizados para e pela equipe de vendas?

5. Durante o seu lançamento, foi – e/ou continua sendo – realizado algum treinamento sobre o programa para a equipe de vendas? Caso continue sendo proporcionado à equipe, esse treinamento é refeito com qual periodicidade e de que forma?

6. A remuneração da equipe de vendas é impactada pelos resultados obtidos no programa de excelência em vendas? Em caso afirmativo, de que maneira? Há algum outro tipo de incentivo associado ao programa?

(RESULTADOS)

7. Na sua avaliação, quais foram os resultados obtidos por meio da implementação do programa de GQT em vendas?

8. Numa escala de 1 a 5, qual o número que, na sua avaliação, representa o grau de contribuição do programa para os resultados pretendidos pela empresa? Considere que:

( ) 1 = não contribuiu.
( ) 2 = contribuiu discretamente.
( ) 3 = contribuiu.
( ) 4 = contribuiu muito.
( ) 5 = contribuiu excepcionalmente.

9. Qual(is) fator(es) (pontos fortes e/ou pontos fracos) você destaca para a sua avaliação na resposta anterior no que diz respeito a essa contribuição?

Novamente, deixo registrado o meu muito obrigado pela sua participação neste estudo, com o qual se espera lançar uma luz sobre as potencialidades e as melhores práticas na condução dos programas de GQT em vendas nas empresas da indústria de bens de consumo não duráveis no Brasil. Reforço que as empresas envolvidas e os executivos entrevistados terão as suas identidades tratadas de forma sigilosa e confidencial.

APÊNDICE B

PROTOCOLO DA ENTREVISTA PARA O ESTUDO DE CASO

Data:

Função na empresa:

Quero agradecer a sua participação neste estudo sobre a utilização do programa de gestão da qualidade total (GQT) em vendas. Com ele, busca-se compreender a implementação do programa de GQT em vendas na indústria brasileira de bens de consumo não duráveis, investigando-se o que motiva uma empresa desse segmento a implementar um programa de GQT em vendas, distinguindo-se qual o método de implementação do programa e avaliando quais os resultados obtidos após a implementação do programa no que se refere às metas, aos processos-chave e à percepção dos seus colaboradores e trabalhadores a esse respeito, bem como à percepção dos trabalhadores acerca dos impactos desse programa sobre a sua própria atuação.

Também é importante que você saiba que esta pesquisa segue as normas do Comitê de Ética em Pesquisa da Pontifícia Universidade Católica de São Paulo (PUC-SP) [...].

QUESTÕES:

1. Como foi realizada a implementação do programa de GQT em vendas na sua empresa?

2. Foram encontradas dificuldades durante esse processo de implementação? Se sim, elas foram solucionadas? Como?

3. Como é realizada a gestão do programa no dia a dia? Qual a equipe envolvida, como as tarefas são distribuídas e como os resultados são comunicados e utilizados para e pela equipe de vendas?

4. Durante o seu lançamento, foi – e/ou continua sendo – realizado algum treinamento sobre o programa para a equipe de vendas? Caso continue sendo proporcionado à equipe, esse treinamento é refeito com qual periodicidade e de que forma?

5. A remuneração da equipe de vendas é impactada pelos resultados obtidos no programa de excelência em vendas? Em caso afirmativo, de que maneira? Há algum outro tipo de incentivo associado ao programa?

6. Na sua avaliação geral, quais foram os resultados obtidos por meio da implementação do programa de GQT em vendas? Como você define os resultados em antes e depois dessa implementação?

7. Na sua avaliação, **cada um** dos processos-chave adotados pela empresa foi impactado positiva ou negativamente pelo programa de GQT em vendas? Comente o impacto de cada um desses processos-chave – se possível, especificando como ele era antes e como ficou depois da implementação do programa.

Processo-chave	O programa de GQT em vendas...	
	... impactou positivamente	... impactou negativamente

APÊNDICE B

8. Numa escala de 1 a 5, qual o número que, na sua avaliação, representa o grau de contribuição do programa para **um** a **um** dos processos-chave listados na sua resposta anterior e por quê? Considere que:

1 = não contribuiu.
2 = contribuiu discretamente.
3 = contribuiu.
4 = contribuiu muito.
5 = contribuiu excepcionalmente.

Processo-chave	Grau de contribuição do programa				
	1	2	3	4	5

9. Na sua opinião, cada um desses processos-chave continuará evoluindo no próximo ano?
Justifique a sua resposta.

Processo-chave	No próximo ano, o programa de GQT em vendas...	
	... continuará progredindo	... NÃO continuará progredindo

10. Qual a sua avaliação a respeito dos treinamentos ministrados para apresentar e/ou reforçar os conceitos do programa?

Numa escala de 1 a 5, qual o número que, na sua avaliação, representa o grau de importância desses treinamentos, considerando os mesmos critérios de numeração da pergunta 8?

Treinamento	Grau de contribuição do programa				
	1	2	3	4	5
Capacitação/treinamentos					
Capacitação/manuais					
Capacitação/palestras					
Capacitação/treinamento prático					
Capacitação/outros					

Novamente, deixo registrado o meu muito obrigado pela sua participação neste estudo, com o qual se espera lançar uma luz sobre as potencialidades e as melhores práticas na condução dos programas de GQT em vendas nas empresas da indústria de bens de consumo não duráveis no Brasil. Reforço que as empresas envolvidas e os executivos entrevistados terão as suas identidades tratadas de forma sigilosa e confidencial.

APÊNDICE C

A GESTÃO DA QUALIDADE TOTAL NOS ESPORTES: O CASO DO JUDÔ[18]

Rodrigo Guimarães Motta (Autor Principal)
Pontifícia Universidade Católica de São Paulo
rodrigo-motta@uol.com.br

Leandro Pereira de Lacerda
Pontifícia Universidade Católica do Paraná
leandroplacerda@gmail.com

Neusa Maria Bastos Fernandes dos Santos
Pontifícia Universidade Católica de São Paulo
admneusa@pucsp.br

Cristian Cezário
Universidade de Guarulhos
cristian@icijudo.com.br

---

18 Trabalho apresentado no Congresso Olímpico Brasileiro (COB), em 2019.
MOTTA, Rodrigo Guimarães; LACERDA, Leandro Pereira de; SANTOS, Neusa Maria Bastos Fernandes dos; CEZÁRIO, Cristian. A gestão da qualidade total nos esportes: o caso do judô. *In:* CONGRESSO OLÍMPICO BRASILEIRO, 1., 2019, São Paulo. **Anais** […]. São Paulo: COB, 2019. Disponível em: https://www.researchgate.net/publication/332524527_A_gestao_da_qualidade_total_nos_esportes_o_caso_do_judo. Acesso em: 7 fev. 2023.

RESUMO

Prática consolidada no campo da Administração, a gestão da qualidade total teve início na área de produção e logo se disseminou para outras áreas das empresas. Neste trabalho, a proposta é mostrar os resultados da aplicação dessa técnica em uma academia de judô. Intitulado Programa de Excelência em Atletas (PEA), o projeto é fundamentado nos preceitos da qualidade total, cujos resultados são obtidos por meio do cumprimento de processos-chave por seus participantes. À medida que as metas são atingidas, há o reconhecimento do esforço do atleta, motivando-o a persistir no PEA.
Palavras-chave: esporte; gestão da qualidade total; judô.

INTRODUÇÃO

Prática consolidada no campo da Administração, a gestão da qualidade total teve início na área de produção e logo se disseminou para outras áreas das empresas. Neste trabalho, a proposta é mostrar os resultados da aplicação dessa técnica em uma academia de judô. Intitulado Programa de Excelência em Atletas (PEA) [reproduzido na Figura 1], o projeto é fundamentado nos preceitos da qualidade total, cujos resultados são obtidos por meio do cumprimento de processos-chave por seus participantes. À medida que as metas são atingidas, há o reconhecimento do esforço do atleta, motivando-o a persistir no PEA e criando um círculo virtuoso de qualidade tanto para ele quanto para o restante do grupo. O programa estabelece, por exemplo, objetivos para resultados em competições, frequência adequada ao treino e execução de parâmetros preestabelecidos de peso máximo por atleta, respeitando a sua categoria de peso. Ao todo, são oito processos-chave. Aqueles que cumprem mensalmente as metas estabelecidas, no que se refere à pontuação total, recebem o reconhecimento oral e um certificado.

APÊNDICE C

FIGURA 1 – LOGOTIPO CRIADO PARA O PEA

Fonte: Elaborado pelos autores (2019).

Problema: A resposta que esta pesquisa procurou obter foi para a seguinte pergunta: Como a gestão da qualidade total contribui para um melhor desempenho esportivo de atletas?

Objetivo: No caso deste trabalho, o objetivo consistiu em avaliar a eficácia do programa de gestão da qualidade total para um melhor desempenho esportivo de atletas e entidades utilizando como exemplo um programa desse tipo já implementado numa organização esportiva há mais de um ano.

Métodos: Realizou-se um estudo de caso com o Instituto Camaradas Incansáveis (ICI), organização não governamental que oferece aulas de judô e detém uma equipe de atletas de alto rendimento. Ao tomar contato com essa prática, a ONG decidiu adaptá-la e implementá-la com os seus 50 judocas. A pesquisa foi realizada por meio de análise documental. Para discussão e análise, a ONG disponibilizou aos pesquisadores as planilhas e apresentações com os resultados obtidos pelos atletas em cada uma das metas e processos-chave nos meses de vigência do PEA.

Resultados: Após um ano, o PEA superou as metas de resultados para a equipe e os atletas, além de cada processo-chave. Vale destacar também que os atletas aumentaram a sua frequência aos treinos, sendo que os mais bem colocados chegaram a atingir uma média de 3,3 dias de treino por semana. Além disso, 71% dos atletas participaram de competições. A busca pelo desenvolvimento dos judocas foi outro destaque positivo, pois, durante a vigência do PEA, 100% dos atletas buscaram preparação complementar (cursos, seminários e preparação técnica), enquanto 55% procuraram formação complementar continuada (com frequência mensal). O programa demonstrou ainda alta capacidade para envolver os participantes nas atividades, já que eles melhoraram os seus resultados e incentivaram os demais quando a meta se aproximava.

Conclusões: Neste estudo, a gestão da qualidade total se mostrou uma ótima ferramenta para o ambiente esportivo. Recomenda-se a ampliação desse estudo para outras academias de judô e demais modalidades, visando-se a compreender o real potencial do programa no desempenho de atletas de alto rendimento e entidades esportivas.

Recomendações práticas: Os autores recomendam a implementação de programas de gestão da qualidade total em esportes em instituições de lutas e artes marciais, uma vez que o modelo analisado se mostrou eficiente na melhoria do desempenho dos atletas. Além disso, por ser uma prática que motiva o alcance da excelência na prática esportiva, recomendamos também a implementação do modelo em outros tipos de instituições esportivas.

Referências

DEMING, W. E. **Quality, productivity and competitive position**. Cambridge: Massachusetts Institute of Technology, 1982.

ISHIKAWA, K. **What´s total quality control?**: the japanese way. Englewoods Cliffs: Prentice Hall, 1985.

MOTTA, R. G.; UCHIDA, R. **Uruwashi:** o espírito do judô. São Paulo: Generale, 2018. v. 1.

SOBRE OS ELEMENTOS GRÁFICOS DA OBRA

A capa da obra foi inspirada no logo criado para o Programa Qualidade Faixa Preta, um programa de GQT em vendas implementado por Rodrigo Motta em diferentes empresas. Carregando as cores e os elementos do logotipo da RG Motta – empresa estruturada por Rodrigo para viabilizar sua participação em conselhos e comitês –, a arte elaborada por Fabio Imamura representa o gesto icônico de Rodrigo em sua maior conquista esportiva, quando obteve a sonhada medalha de bronze no Campeonato Mundial de Judô de Veteranos em Fort Lauderdale (Flórida, EUA), em 2016.

SOBRE O DESIGNER

Fabio Voinichs Imamura é faixa preta de judô e também se considera um incansável. A sua jornada no esporte começou há mais de 35 anos, e em seu currículo acumula medalhas nas principais competições nacionais e internacionais.

Formado em Publicidade e Propaganda pela Fundação Armando Alvares Penteado (FAAP) e em Design Gráfico pela Escola Panamericana de Artes, é um apaixonado por artes e tem seus trabalhos divulgados no Brasil e no exterior. No seu currículo, constam campanhas para empresas como Coca-Cola, McDonald's, Nestlé, Mastercard, Seara, Gol, JSL, entre outras.

Atualmente é sócio-diretor da Núcleo 3 Comunicação e artista plástico.

www.nucleotres.com.br
www.fabioimamura.com.br
fabio@nucleotres.com.br

CONHEÇA OUTROS LIVROS DO AUTOR

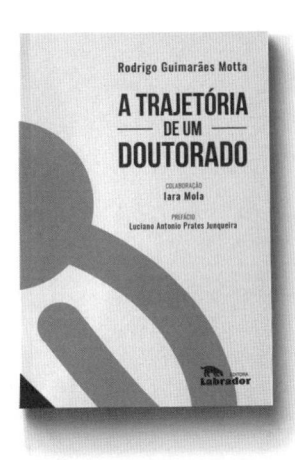

Dividida em resultado, esporte e crítica, esta obra reúne uma breve análise e a seleção de seis artigos acadêmicos que, mais do que simplesmente compor *A Trajetória de um Doutorado*, podem igualmente indicar um caminho de estudo e de pesquisa para interessados no doutorado em Administração, além de revelar o processo de amadurecimento de um pesquisador essencialmente qualitativo.

Para homenagear os 80 anos de Luciano Junqueira, dos quais cinquenta foram dedicados à pesquisa e ao ensino, esta obra compila os artigos escritos entre 1970 e 2018, sendo dois deles reflexões inéditas. Mais do que celebrar a vida de um grande pesquisador, a obra tem como intuito compartilhar e inspirar futuros administradores com a experiência e o conhecimento de Luciano Junqueira.

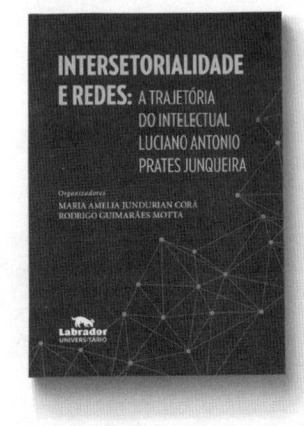

FONTE Adobe Garamond Pro
PAPEL Offset 75 g/m²
IMPRESSÃO Paym